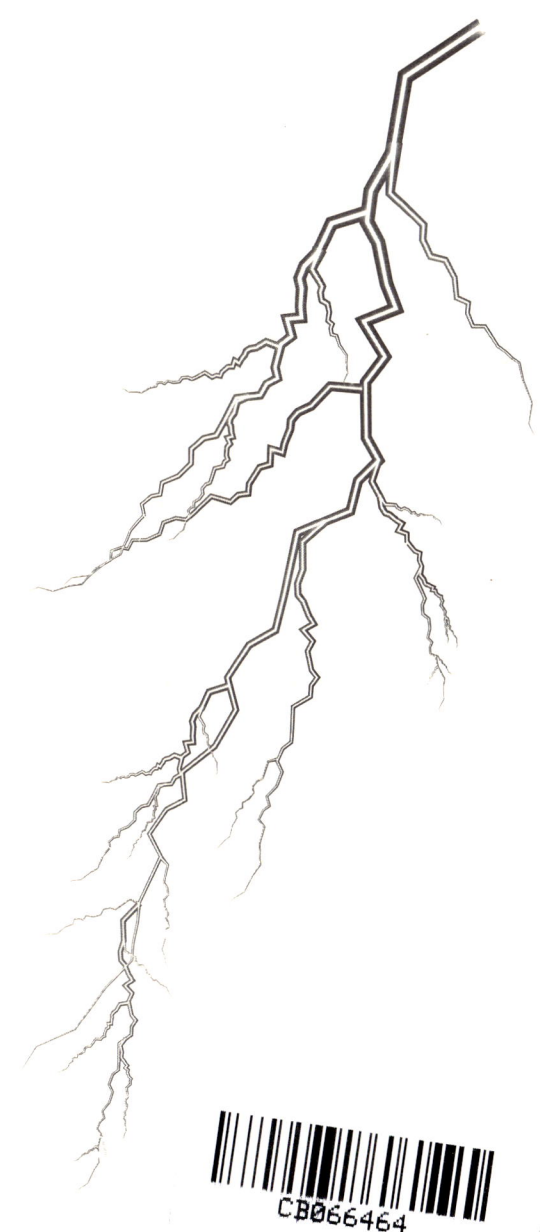

DEIVE LEONARDO

PREFÁCIO POR TEÓFILO HAYASHI

FINAL DA TEMPESTADE

LIMPANDO A BAGUNÇA E RECONSTRUINDO O QUE FOI PERDIDO

Todos os direitos deste livro são reservados pela Editora Quatro Ventos.

Editora Quatro Ventos
Avenida Pirajussara, 5171
(11) 99232-4832

Proibida a reprodução por quaisquer meios, salvo em breves citações, com indicação da fonte.

Todas as citações bíblicas e de terceiros foram adaptadas segundo o Acordo Ortográfico da Língua Portuguesa, assinado em 1990, em vigor desde janeiro de 2009.

Diretor executivo: Raphael T. L. Koga
Editora-chefe: Sarah Lucchini
Equipe Editorial:
Lucas Benedito
Ana Paula Cardim
Paula de Luna
Rafaela Beatriz A. Santos
Revisão: Eliane Viza B. Barreto
Diagramação: Vivian de Luna
Capa: Vinícius Lira

Todo o conteúdo aqui publicado é de inteira responsabilidade do autor.

Todas as citações bíblicas foram extraídas da Almeida Corrigida Fiel, salvo indicação em contrário.

Citações extraídas do *site www.bibliaonline.com.br/acf*. Acesso em novembro de 2020.

1ª Edição: Dezembro 2020
1ª Reimpressão: Setembro 2023

Ficha catalográfica elaborada por Maria Alice Ferreira - Bibliotecária - CRB-8/7964

Leonardo, Deive

Final da tempestade : limpando a bagunça e reconstruindo o que foi perdido / Deive Leonardo. - 1. ed. - São Paulo : Editora Quatro Ventos, 2020
192 p.

ISBN 978-65-86261-77-6

1. Cristianismo 2. Palavra de Deus 3. Reconstrução (Cristianismo) 4. Vida cristã I. Título.

20-49550
CDD-211

SUMÁRIO

INTRODUÇÃO 17

1 A tempestade chega de repente 23

2 Análise de danos 41

3 O que a tempestade trouxe de bom 61

4 Pontos de fragilidade 79

5 Defina o seu alicerce 101

6 Princípios da felicidade 125

7 A necessidade do propósito 141

8 Tempestades desnecessárias 157

9 Prepare-se para a próxima tempestade 173

DEDICATÓRIA

Dedico este livro à minha linda e doce esposa, Paulinha Leonardo, e aos meus filhos, João Leonardo e Noah Leonardo.

AGRADECIMENTOS

A Jesus, em primeiro lugar, o maior amor da minha história.

À minha mãe, Luciane, por me sustentar em oração desde sempre.

Ao meu pai, Amilton, por ser uma voz de comando sobre a minha vida.

À minha amada, Paulinha Leonardo, e aos meus príncipes, João e Noah. Vocês me ensinam todos os dias.

A toda a equipe da Editora Quatro Ventos, principalmente ao Renan Menezes e à Sarah Lucchini, que acreditaram neste material.

A todos que contribuíram para que este livro se tornasse realidade, seja na diagramação, capa, divulgação ou distribuição. Parabéns por todo o trabalho!

PREFÁCIO

É natural do ser humano valorizar demais aquilo que pode ver. As razões para isso são óbvias; o preocupante mesmo, e que talvez não enxerguemos, é o quanto isso dita a maneira como vivemos, entendemos as coisas e nos colocamos no mundo. Digo isso, porque tem gente que encara o que vê como realidade absoluta. Não questiona. Não suspeita nem faz questão de saber a verdade. O problema desse tipo de posicionamento é que, evidentemente, nem tudo aquilo que vemos é o que é, porque existe uma diferença gritante entre parecer e, de fato, ser. Daí vem a importância de enxergar o interior de cada um [e de si mesmo] mais do que apenas a aparência.

Como líder, uma de minhas missões é auxiliar pessoas a alcançarem resultados reais em suas carreiras e chamados ministeriais, e uma parte importante dessa jornada consiste em ajudá-las a alinhar o seu interior com o seu exterior. Infelizmente, muitos líderes concentram todas as suas forças no desenvolvimento de habilidades e capacitação técnica, mas acabam esquecendo que, talvez, o crescimento interno seja ainda mais necessário e basilar em um contexto de discipulado verdadeiro. Na realidade, o que muitas vezes pode ser considerado mero componente espiritual e de caráter é capaz de gerar consequências muito duras, se não for abordado e tratado.

Diante disso, surge a pergunta: o rosto que o mundo vê ao olhar para você é uma máscara ou um reflexo? Todos nós temos máscaras — personalidades situacionais que vestimos, como botas de chuva, quando as coisas saem da nossa zona de conforto. Mas, para alguns de nós, tornou-se tão natural usar essas "botas" o dia todo no trabalho e em outros lugares públicos que, quando chegamos em casa, mesmo com "bolhas" grandes e dolorosas, nem sequer nos damos conta de que esse disfarce existe. Essas "bolhas" são resultado do esforço em trabalhar fora de sua zona de força e identidade por muito tempo, o que não é exatamente a mesma coisa que ser essencialmente falso.

A máscara da qual estou falando – que caracteriza uma falsa identidade – é aquela que você sente que precisa usar com quase todas as pessoas, por não achar que será aceito por quem realmente é. Às vezes, esse é o nosso "crítico" interno falando. Em compensação, em outras situações, esse sentimento acerta em cheio. Mas, seja como for, talvez você esteja se escondendo atrás da máscara porque simplesmente não dedicou o tempo necessário para desenvolver quem você é genuinamente por dentro. Ou, quem sabe, porque nunca se deu conta do quanto esse descaso tem o poder de impactar a sua vida de maneira drástica e fatal.

Isso é extremamente comum. Afinal, vivemos em uma época em que cada vez mais se valoriza a aparência acima da essência, e os resultados dessa mentalidade já têm se provado catastróficos. Casamentos que, aparentemente, parecem um sucesso, mas que estão em ruínas dentro das quatro paredes; pessoas que escondem a depressão atrás de sorrisos vazios; e fotos em mídias sociais que, mesmo com tantos *likes*, não são capazes de suprir a carência descompensada de milhares e milhares de indivíduos. Assim, aos poucos, tantos acabam entrando numa roda viva de redes sociais, postagens e aparência, e acabam alimentando ainda mais sua fome de aprovação humana. Porém, o que, lamentavelmente, essas pessoas não levam em consideração é que, ainda que tentem, que deem o seu melhor, jamais será o bastante. A expectativa de uns somada ao anseio por aprovação de outros é insaciável. Com tudo isso, o ponto é que o que nos sustenta, nos dias bons e maus, não é o que está por fora, mas os fundamentos internos, aquilo que ninguém vê. Sem fundações firmes, estamos fadados a ser engolidos pelos tempos difíceis e nos tornar mais um número para as estatísticas de divórcio, suicídio, ansiedade, e por aí vai. Isso, porque o exterior não foi feito para sustentar o interior, e, sim, o contrário.

Um exemplo claro disso é o choque entre tempestades e árvores. Todos já assistimos a um temporal caindo lá fora, em que árvores e arbustos são chacoalhados com violência de um lado para o outro. Quando a chuva forte e os ventos chegam, impactam tudo e todos que estão expostos ao seu poder destrutivo. Porém, diante do mesmo caos, algumas árvores não resistem e vêm abaixo, enquanto outras permanecem de pé. Qual é o fator que as distingue? A profundidade de suas raízes. Não importa quão alta seja a copa, quão novo seja o carro, quão cara seja a casa ou quão grande seja a conta bancária. A chuva e os ventos sempre vêm, e o que nos garante estabilidade e permanência são as fundações invisíveis que nos seguram ao chão e nos mantêm firmes.

O problema é que muitos não querem investir em seu caráter, emoções e fraquezas, porque não é glamoroso. Não gera *likes*. Queremos sempre o sucesso exterior, e o queremos rápido. Aspiramos a medalha olímpica sem o treinamento incansável, o sucesso financeiro sem o pequeno começo, a salvação sem o arrependimento e uma vida inabalável sem alicerces sólidos. Com isso, cria-se, então, a expectativa estéril de que é possível alcançar o verdadeiro êxito pautando-se apenas pelo exterior, o que gera indivíduos frustrados, vulneráveis e facilmente abatidos diante das dificuldades.

Portanto, para solucionarmos essa questão, precisamos de pessoas que ensinem, mais uma vez, o valor de construir aquilo que está abaixo do raio de visão dos outros; investir nas raízes, na base, e é por isso que este livro é tão oportuno. Através de uma experiência pessoal, Deive ouviu o clamor de uma geração que padece debaixo das tempestades que a vida oferece, e conseguiu trazer linguagem e praticidade para que ela possa se fortalecer, perseverar e progredir.

Abra o seu coração, abaixe suas defesas, tire sua máscara e prepare-se para o que pode ser uma das mais importantes jornadas de aprendizado da sua vida, na qual você será instruído e ensinado a valorizar o temor do Senhor, seu relacionamento com Ele e o seu desenvolvimento pessoal acima das aparências. Esteja pronto para crescer por dentro, e não se preocupe com mais nada, porque o resto é consequência.

Aproveite!

TEÓFILO HAYASHI
Pastor sênior da Zion Church, líder e fundador do Dunamis Movement, e autor *best-seller* dos livros *Next level* e *O Reino inabalável.*

INTRODUÇÃO

Eu nunca tive noção do que era uma tempestade de verdade até alguns meses atrás. Certo dia, enquanto eu dirigia, estava completamente desatento quanto à previsão do tempo, quando, do nada, o meu carro começou a balançar de um lado para o outro com a força do vento e da chuva. Aconteceu tudo tão de repente que demorei para entender o que estava ocorrendo. Como se esse susto não bastasse, rapidamente olhei pela janela e percebi objetos voando, como naqueles filmes que encenam o fim do mundo. Sem pensar duas vezes, acelerei depressa para um supermercado, que tinha um estacionamento coberto, deixei meu carro ali e fiquei aguardando até que aquilo acabasse.

No final das contas, tudo passou, e apesar da destruição ao redor, do medo e incerteza, aquele dia me fez entender algumas coisas; não a respeito de meteorologia, mas sobre a nossa existência. É normal que passemos por tempestades durante a vida. Não existe um ser humano no mundo que não passe por elas. Pouco importa a cor da pele, condição social, fama ou diploma. As dificuldades, problemas, medos e até mesmo traumas surgem para todos. Não apenas isso, mas também não marcam horário para chegar; elas simplesmente aparecem, e se não estamos preparados, somos devastados.

Logo depois do fim daquela tempestade, comecei a passar pelas ruas destruídas na volta para casa e percebi algo que me chamou a atenção. Vi duas casas, uma ao lado da outra: a primeira delas fora quase totalmente destruída, enquanto a segunda estava intacta. Aquilo mexeu comigo. Pensei: "Por quê? Como pode uma casa estar em perfeito estado e a outra caindo aos pedaços, sendo que ambas passaram pela mesma circunstância? O que fez uma ser mais prejudicada que a outra?". Foi quando senti o Senhor falando comigo: "As tempestades testam as estruturas fundamentais. É quando essas bases são expostas a condições extremas que realmente descobrimos o que há por dentro". O mais interessante disso é que conosco não é diferente. São as tempestades que revelam a firmeza do que existe dentro de nós. São elas que mostram o que temos em nosso coração e mente. Não só isso, mas essas situações também têm o poder de maximizar aquilo que estava escondido, trazendo luz ao que estava oculto.

O problema é que muitos de nós não estamos tão preocupados com o nosso interior. Na verdade, sequer paramos para analisar e permitir que Deus nos mostre o que precisa ser mudado. Contanto que não apareça para os outros, e o "bom comportamento" consiga disfarçar, parece não importar muito como estamos por dentro.

É como em casos de brigas de trânsito, por exemplo. Vemos um dos envolvidos, extremamente descontrolado, xingando ou mesmo partindo para a agressão física. Essa atitude não veio à tona por conta do nervoso momentâneo, é um reflexo de algo muito mais grave que estava escondido no coração daquela pessoa. O acidente ou "buzinada" que ela recebeu foi somente um gatilho que ativou algo que já estava ali, acobertado, há tempos.

Isso tem muito a ver com o que Jesus nos ensinou no Evangelho de Mateus (cf. 7.24-29), quando contou uma parábola no Sermão do Monte. Nessa passagem, Ele relatou a história de duas casas: uma construída na rocha e outra na areia. Quando veio a tempestade, a casa edificada no terreno sólido perseverou, mas aquela que estava na areia foi dizimada. Isso, porque o fundamento, ou seja, a base da casa que estava sobre a rocha era firme, enquanto a da outra era instável. O fundamento da nossa casa pode ser invisível, mas ele afeta completamente a construção externa, aquela que conseguimos enxergar. Sim, todos passamos por tempestades, mas é a nossa estrutura interna [o nosso alicerce] que ditará se passaremos por elas inabaláveis ou se seremos destruídos.

Isso significa que a forma como recebemos as tempestades determina como sairemos delas. Veja bem, o intuito deste livro não é lhe conceder uma fórmula mágica para superar situações difíceis, afinal isso não existe. A minha intenção com estas páginas é incentivá-lo a passar pelos processos com uma nova mentalidade.

Um exemplo claro disso é que, apesar do transtorno e bagunça que a tempestade pode causar, ela é sempre capaz de trazer bons frutos se nos abrirmos para isso. Deus é bom sempre, e Ele tem o poder de transformar coisas ruins em boas. Por isso, se você está vivendo um período muito difícil, ou talvez ainda esteja sofrendo os reflexos de uma tempestade recente, não se esqueça dessa verdade, e lembre-se: passaremos por circunstâncias adversas o tempo todo, mas não fomos feitos para permanecer nelas. Portanto, troque sua lente, abra o seu coração e permita que Ele lhe mostre novas perspectivas acerca dos seus alicerces.

Mesmo que este livro chegue às suas mãos depois de alguma crise ou em um período de tranquilidade, nunca existirá um momento único e específico para você se preparar para a próxima tempestade. Devemos estar sempre atentos, não somente para enfrentar as adversidades, mas para sermos sábios quando elas terminarem. Digo isso porque é certo que as tempestades continuarão existindo. O que muda, e necessita mudar, é como as encaramos. Precisamos aprender a ser fortes por dentro, permitindo que o Senhor, em Sua sabedoria e amor, coloque em nós o alicerce certo e nos transforme de dentro para fora — não apenas nosso comportamento [visível], mas nosso caráter [invisível]. Assim, quando isso acontece, nos tornamos como aquela casa construída na rocha. Podem vir tempestades, e elas podem até ser feias, mas continuaremos firmes.

Foi pensando nisso que este livro veio à existência. Nas páginas que o aguardam, você receberá novas ferramentas que o ajudarão em sua construção interna, e caminhará passo a passo rumo a aprendizados profundos e quebras de mentalidades antigas que fortalecerão seus alicerces e fixarão suas telhas em seus devidos lugares. Uma nova cobertura será edificada, estabelecendo uma base firme na Palavra de Deus e em Sua promessa de uma vida saudável em todos os seus âmbitos. Dessa maneira, ao longo desta jornada, você descobrirá que o segredo de uma casa não é a cor de suas paredes ou sua decoração interna, mas se ela está ou não construída sobre a rocha. Afinal, como diria a raposa no Pequeno Príncipe: "O essencial é invisível aos olhos".[1]

---

[1] SAINT-EXUPÉRY, Antoine de. **O Pequeno Príncipe**. São Paulo: Novo Século, 2020.

Capítulo 1

A TEMPESTADE CHEGA DE REPENTE

Talvez uma das coisas mais básicas que a tecnologia nos possibilitou tenha sido entender e prever a meteorologia. Ela, obviamente, sempre existiu, mesmo que sem muito aprofundamento científico. Mas foi só a partir do século XVI, com o desenvolvimento de equipamentos de medição, como o termômetro (temperatura) e o barômetro (pressão), que essa área começou a progredir de maneira técnica. Já no século XX, marcado pelo avanço de equipamentos e pelo fim da Segunda Guerra Mundial – em que passou a ser mais comum utilizar radares militares para medições meteorológicas, e novos computadores permitiram análise e previsão mais precisas – a tecnologia se assemelhou um pouco mais ao que conhecemos atualmente.[1]

---

[1] **Um pouco sobre a história da meteorologia**. Publicado por *Instituto de Astronomia, Geofísica e Ciências Atmosféricas da USP*, pp. 71. Última atualização em 09/08/2011. Disponível em *https://iag.lhys.org/71-histmeteo.pdf*. Acesso em setembro de 2020.

Hoje, a tecnologia nos permite saber exatamente quando a chuva vai cair, quando vai parar, se haverá raios ou mesmo granizo, e até se vai nevar. Eu me lembro da primeira vez em que realmente parei para pensar sobre o nível tecnológico na previsão do tempo. Na época, eu estava nos Estados Unidos, numa cidade próxima à Nova Iorque, chamada Harrison. De cara, algo chamou muito a minha atenção. Eu me recordo de estar com algumas pessoas, quando, de repente, todas elas receberam uma mensagem automática em seus celulares, dizendo algo como: "Amanhã, todas as escolas estarão fechadas. Recomendamos que você compre suprimentos [como gasolina e comida], porque a nevasca será intensa. Não saia de casa!". Aquilo já tinha me impressionado, mas não tanto quanto o fato de aquele aviso ter trazido ao final uma previsão exata do horário em que começaria a nevar: "2:00 da manhã".

Naquela madrugada, acordei pontualmente para averiguar a precisão meteorológica, e, para a minha surpresa, vi a neve caindo justamente como a mensagem havia informado. Na realidade, aquela nevasca foi histórica; uma das maiores dos Estados Unidos nos últimos 50 anos, com camadas de neve medindo cerca de 1,5 m de altura.

No entanto, acontece que, por mais precisa que a meteorologia possa ser, em nossas vidas, não conseguimos prever quando as tempestades vão chegar. Não existe ninguém no mundo que seja capaz de antever a vinda do dia mau. Não é possível nem mesmo afirmar com certeza o que viveremos nos próximos minutos. Estamos aqui e, de repente, tudo muda. De uma hora para a outra, as coisas não estão mais da forma como imaginávamos que estariam. Tanto para o bem quanto para o mal. Por mais que muitos não gostem de admitir, talvez a maior constante na vida seja mesmo a mudança, afinal de contas.

O problema é que, apesar de muitas mudanças serem para melhor, outras, definitivamente, não são. E quando isso acontece, se não estamos preparados, podemos ser devastados. É certo que as tempestades chegam sem anúncio e, da mesma forma, não têm data estabelecida para irem embora, mas a responsabilidade de nos prepararmos é unicamente nossa.

Por outro lado, recentemente eu estava conversando com o meu avô a respeito da pandemia do coronavírus, que, inclusive, é a época em que escrevo este livro. Enquanto conversávamos, não aguentei de curiosidade e perguntei se ele já havia presenciado uma situação como aquela. Sua resposta, por incrível que pareça, surpreendeu-me: "Olha, filho, eu realmente não me lembro de ter visto algo semelhante ao que estamos vivendo agora".

Ninguém imaginava que isso aconteceria no mundo. Assim como qualquer tempestade da vida, a pandemia chegou aos poucos, sem dar sinais de que seria tão destrutiva ou de que duraria tanto tempo. E com a famosa Crise de 1929, por exemplo, não foi diferente. Marcada pela queda de ações de grandes empresas, demissões em massa e uma redução do PIB dos EUA, o que parecia ser algo que ficaria restrito àquele país acabou gerando reflexos no mundo inteiro e só foi superado após diversos esforços do governo e o início da Segunda Guerra Mundial.[2]

Enquanto pensava na resposta do meu avô, na Crise de 29 e diversos outros episódios históricos catastróficos, notei que, guardadas as devidas proporções e, é claro, levando em consideração cada contexto diferente, todos eram muito semelhantes. Isso, porque existem coisas na vida para as quais não conseguimos nos preparar. É evidente que a responsabilidade de correr atrás, nos prevenir e também de nos capacitar para não sermos pegos de surpresa pelo dia mau é nossa, porém, quando falamos de algo que acontece externamente, muitas vezes, não temos como controlar. Isso fica claro quando usamos como exemplo a pandemia da Covid-19, a Crise de 29, as duas grandes guerras mundiais e por aí vai. Quem poderia imaginar o surto de uma doença contagiosa ou catástrofes em escala global? Esse tipo de coisa não se prevê, não se controla.

O interessante é que, se pararmos para pensar, isso não é tão diferente dos problemas e dificuldades que enfrentamos diariamente em nossas vidas. Mesmo que não sejam em nível mundial, essas tempestades têm sua importância e, definitivamente, o seu peso. Digo

---

[2] MONTEIRO, Fábio. **O que foi a Crise de 1929?** Publicado por *Politize!*. Disponível em *https://www.politize.com.br/os-90-anos-da-crise-de-1929/*. Acesso em setembro de 2020.

isso porque, por mais que certas coisas não possam ser controladas ou captadas pelo nosso radar, o que importa mesmo, no final das contas, não são as tempestades e ventos externos, mas como reagimos a elas.

Quando focamos demais nos problemas, temos a tendência de ficar cegos pelas circunstâncias. E é assim que as dificuldades e emoções passam a controlar a nossa vida. Mas não para por aí. No instante em que decidimos olhar apenas para o que está acontecendo externamente, passamos a aumentar, de maneira gradual, o tamanho e a influência das adversidades sobre nós. Nessas horas, nós nos encontramos no lugar comumente conhecido como o "olho do furacão". E quanto mais damos ouvidos ao que as situações estão dizendo, ao que as pessoas pensam, ao quanto estamos sofrendo ou que "tudo isso pode ser injusto", mais nos afundamos e permanecemos nesse ambiente caótico.

O olho do furacão nos rouba a realidade. Ele nos limita, nos massacra e mente para nós, afinal nem tudo é destruição e tragédia, mesmo nos piores momentos que vivemos. Sempre conseguimos tirar algo bom daquilo que passamos. A questão é que quem está no meio do turbilhão e não tem comunhão com Deus raramente é capaz de enxergar dessa forma e retirar-se de lá sozinho. Consequentemente, acaba sendo condicionado a uma visão pobre e parcial acerca da situação. É em razão disso que vemos tantos casos de pessoas sem esperança, sofrendo e em estado de desespero. Sim, existem exceções, mas, em geral, isso é fruto da tomada de decisão sob uma carga emocional descompensada. Quantos não permitem que a ansiedade, as suas vontades ou seus sentimentos lhes ditem como agir? E digo mais, quantos de nós escolhemos algo precipitadamente, que em nada estava alinhado com a Palavra de Deus, apenas porque nos deixamos levar pela situação, e acabamos nos arrependendo amargamente depois? Então nos questionamos: "E se eu tivesse orado antes? Será que teria entrado nesse relacionamento? Será que teria alimentado essa amizade? Será que teria aceitado aquela proposta? Será que essa tempestade estaria me assolando?".

Não podemos ser manipulados por situações ou sentimentos. Eles não podem ditar como vivemos, pensamos ou reagimos. O sufoco é que, para grande parte das pessoas, é isso o que acontece. Muitos, porque não aprenderam a desenvolver inteligência emocional [que, como um amigo muito próximo sempre diz: nada mais é do que o fruto do Espírito em ação], mas também porque não conhecem a Palavra nem cultivam uma vida de oração, o que, consequentemente, faz com que não conheçam a Deus nem a si mesmos.

Quando não temos conhecimento a respeito das promessas de Deus, de quem Ele é e de quem nós somos, é fácil sermos pegos desprevenidos e sem recursos para lidar com as tempestades. Logicamente, com isso, não quero dizer que aqueles que temem ao Senhor não passam por elas. Muito pelo contrário, a Bíblia é clara quando afirma:

Porque ele faz raiar o seu sol sobre maus e bons e derrama chuva sobre justos e injustos. (Mateus 5.45b – NVI)

Deveras me apliquei a todas estas coisas para claramente entender tudo isto: que os justos, e os sábios, e os seus feitos estão nas mãos de Deus; e, se é amor ou se é ódio que está à sua espera, não o sabe o homem. Tudo lhe está oculto no futuro. Tudo sucede igualmente a todos: o mesmo sucede ao justo e ao perverso; ao bom, ao puro e ao impuro; tanto ao que sacrifica como ao que não sacrifica; ao bom como ao pecador; ao que jura como ao que teme o juramento. Este é o mal que há em tudo quanto se faz debaixo do sol: a todos sucede o mesmo; também o coração dos homens está cheio de maldade, nele há desvarios enquanto vivem; depois, rumo aos mortos. (Eclesiastes 9.1-3 – ARA)

Não existe enrolação nessas passagens. É certo que tanto justos quanto injustos terão um fim. Ambos estão suscetíveis ao que é bom e ao que é mau. A diferença está no destino e na jornada. É como diz a seguinte afirmação, atribuída popularmente a C. S. Lewis[3]: "Pensava que nós seguíamos caminhos já feitos, mas parece que não os há. O nosso ir faz o caminho". Em outras palavras, são as nossas escolhas que nos levarão para longe das tempestades ou em direção a elas. Por isso, as Escrituras revelam:

---

[3] C. S. Lewis foi um dos maiores pensadores, teólogos e escritores britânicos do século XX.

> Tenho-vos dito isto, para que em mim tenhais paz; no mundo tereis aflições, mas tende bom ânimo, eu venci o mundo. (João 16.33)

Apenas os discípulos de Cristo têm a garantia de um final cheio de esperança, paz e alegria, o que não quer dizer que coisas ruins jamais os atingirão. Jesus nunca nos prometeu calmaria. Ele não tentou nos convencer a segui-lO com base em um suposto juramento de que não teríamos dores, tristezas, sacrifícios e sofrimentos em nossa vida. Mas prometeu que sempre estaria conosco até a consumação dos séculos. Ele nos garantiu que venceu o mundo e, por isso, podemos ter esperança no futuro, afinal nem tudo está perdido, como a Palavra nos assegura:

> Quando você atravessar as águas, eu estarei com você; e, quando você atravessar os rios, eles não o encobrirão. Quando você andar através do fogo, você não se queimará; as chamas não o deixarão em brasas. Pois eu sou o Senhor, o seu Deus, o Santo de Israel, o seu Salvador; dou o Egito como resgate por você, a Etiópia e Sebá em troca de você. Visto que você é precioso e honrado à minha vista, e porque eu o amo, darei homens em seu lugar, e nações em troca de sua vida. Não tenha medo, pois eu estou com você, do oriente trarei seus filhos e do ocidente ajuntarei você. (Isaías 43.2-5 – NVI)

A Bíblia nos revela o que precisamos saber a respeito de Deus. Ela, com a ajuda do Espírito Santo, nos confronta, mostra a verdade e nos direciona para o caminho certo. Nós já sabemos como a história termina. E se Deus é invicto e nos convida a passar a eternidade com Ele, por que ignoramos tanto essas verdades e gastamos tanta energia e tempo focando no que não é eterno? Nenhuma tempestade irá conosco para a eternidade. Os problemas, dores e tantas coisas que tentam roubar a nossa força, alegria e foco são passageiros. Mas aquilo que construímos com Deus nunca acaba. Isso jamais poderá ser roubado de nós.

A vida pode, sim, ser difícil às vezes, mas ter Jesus na jornada faz tudo valer a pena. No fim, pouco importará a dor, o sofrimento, o que foi roubado ou tirado de nós, ou até mesmo a injustiça que sofremos, porque O veremos face a face, reinaremos com Ele e viveremos para sempre ao Seu lado.

Além disso, vale lembrar que essa mesma eternidade com Deus começa aqui e agora. Até porque seria muito estranho, do nada, querer passar o resto da vida com alguém que não conhecemos. Mas é assim que muitos se comportam em relação a Deus. Agora, se acreditamos que Ele é, de fato, tudo aquilo que diz ser, pergunto-me qual o sentido de procrastinarmos nosso relacionamento e rendição a Ele.

Hoje, querendo ou não, a escolha pela eternidade é posta diante de nós. Todos os dias, decidimos deliberadamente para onde estamos direcionando a nossa vida. São as escolhas que fazemos dia após dia que, de alguma forma, criam o nosso caminho e destino.

Isso significa que muito daquilo que vivemos não é fruto do acaso nem mesmo da conspiração do Inferno, mas culpa nossa. São as más escolhas que, muitas vezes, dão origem às tempestades e, pouco a pouco, não só nos encaminham para o olho do furacão como também para a destruição.

É por essa razão que, enquanto refletia sobre esta questão, dei-me conta de que só é destruído aquilo que já estava para se quebrar. Um exemplo disso é a história que contei na introdução deste livro. Puxe em sua memória a minha experiência com a tempestade que me pegou desprevenido. Depois que aquela chuva se acalmou, enquanto passava por uma das ruas afetadas, deparei-me com duas casas posicionadas uma ao lado da outra. A diferença entre elas era que uma estava totalmente devastada e a outra em perfeito estado. É bem verdade que a casa que permaneceu intacta tinha, sim, algumas marcas de sujeira, provando que havia passado pelo temporal, mas nada que um pouco de água e sabão não resolvessem. A outra, em contrapartida, estava completamente arrasada.

Isso me fez concluir que a tempestade sempre destruirá aquilo que está frágil. Quando estamos desprotegidos e deixamos várias áreas de nossas vidas sem ser tratadas, principalmente fragilidades e pecados, acabamos sendo destruídos pela tempestade por conta desses pontos vulneráveis. O Inimigo é o maior interessado em nos atacar exatamente no momento em que somos atingidos pela tempestade, e o seu sucesso está relacionado à nossa falta de posicionamento para vedar todas as lacunas pelas quais ele possa entrar e ter legalidade sobre nós.

É claro que, com isso, não estou sugerindo que precisamos ser fortes o tempo inteiro ou que faremos tudo sozinhos. Isso não existe. Nem sempre estamos bem, e é por isso que precisamos uns dos outros e da comunhão com Deus, além de nos apegar à Sua Palavra constantemente. Porém, é nossa responsabilidade entendermos que existe uma batalha por nossas vidas, e que temos de nos posicionar do lado correto.

As Escrituras deixam isso claro e, de quebra, nos aconselham sobre como nos protegermos contra o dia mau. No livro de Efésios, Paulo nos dá uma importante recomendação:

> Por isso, vistam toda a armadura de Deus, para que possam resistir no dia mau e permanecer inabaláveis, depois de terem feito tudo. (Efésios 6.13 – NVI)

Em outras palavras, é como se o apóstolo estivesse dizendo: "Vocês não podem prever quando o dia mau virá, portanto vistam toda a armadura de Deus para que estejam prontos para quando isso acontecer". Mas veja que interessante! Primeiramente, como mencionei pouco antes, esse conselho já rompe com uma percepção errada que muitas pessoas têm sobre o

Evangelho, como se quem seguisse a Jesus não passasse por tempestades.

Em segundo lugar, algo que chama muito a minha atenção nessa passagem é o fato de Paulo nos dizer que, mesmo que nos vistamos da armadura no dia mau, isso não nos livrará ou impedirá de vivê-lo. O que recebemos por meio da armadura é o poder de resistir ao dia mau, não de ser livres dele. Obviamente, Deus é poderoso e pode nos livrar, se Ele quiser, da mesma forma como também pode não livrar, mas, seja como for, esse versículo nos garante que, se estivermos com a armadura, permaneceremos inabaláveis. Isso significa não permitir que o que está dentro do nosso coração seja enfraquecido por questões externas. E talvez essa seja uma das maiores loucuras de seguir a Jesus: ter o nosso alicerce inabalável.

Por outro lado, se em Cristo permanecemos inabaláveis, quando não temos Jesus, ficamos à mercê da tempestade. É como sacos plásticos sendo levados pelo vento. Pense comigo: além de poderem causar acidentes em avenidas ou estradas pelo fato de voarem sem uma direção clara, as sacolas largadas ou jogadas nas ruas podem muito bem ser arrastadas até bueiros e causar enchentes. Nesses casos, o resultado, principalmente em regiões metropolitanas com grandes trechos de asfalto, é a ocorrência de inundações que castigam a população. Igualmente, cada um de nós, quando é carregado pelas chuvas como um saco, pode ser levado a lugares aonde não deveríamos ir, paralisando os processos em nossa vida e afetando negativamente a nós mesmos e todos os que nos cercam. É como se estivéssemos o tempo inteiro no olho do furacão. Sem abrigo, sem esperança, sem propósito e direção. Sempre que penso nisso, lembro-me do salmo 46, que diz:

> Deus é o nosso refúgio e fortaleza, socorro bem presente na angústia. (Salmos 46.1)

No Senhor, temos refúgio e esperança durante as tormentas da vida. Somente Ele pode nos conceder proteção verdadeira, longe de todos os ataques do Inimigo e dos temporais que sofremos. Aliás, o próprio Jesus entende bastante a respeito desse assunto.

Cristo, nosso maior exemplo, teve uma vida que poderíamos considerar como turbulenta. Inclusive, o fato de ser cheio do Espírito Santo e de ter um relacionamento de profunda intimidade com o Pai não O vacinou contra as tempestades.

Inclusive, a Bíblia diz que, após Seu nascimento e a visita dos três reis magos, José, esposo de Maria, foi avisado em um sonho sobre a vontade do governante da Judeia de matar o Messias. Por causa disso, o homem, juntamente com sua esposa e o recém-nascido, foram obrigados a fugir às pressas para o Egito, onde ficaram até que o tirano falecesse (cf. Mateus 2).

Com a morte de Herodes, rei da Judeia, a família decidiu sair do Egito, mas não pôde voltar a Belém, já que o filho do falecido governante estava no poder. Foram então habitar na Galileia, na cidade de Nazaré. Após anos de crescimento e aprendizado nesse local, Jesus finalmente iniciou Seu ministério, indo ao rio Jordão para encontrar o profeta João Batista, que logo O reconheceu, dizendo que Aquele era o Cordeiro de Deus que tiraria o pecado do mundo (cf. João 1.29). Na mesma ocasião, o Espírito Santo desceu em forma de pomba e pousou sobre Ele, enquanto uma voz de trovão anunciava a todas as pessoas que estavam ali que Cristo era o Filho amado de Deus.

O pensamento óbvio, levando em conta essa série de acontecimentos e a identidade de Jesus, seria constatar que, a partir dali a pregação do Reino de Deus deveria ser aceita facilmente e que as portas seriam abertas em todos os lugares sem muito esforço. Em vez disso, o Messias foi conduzido pelo próprio Espírito ao deserto, e ali passou quarenta dias e quarenta noites em jejum. Ele foi tentado em Sua identidade, em Seu caráter, em Seu relacionamento e fidelidade a Deus, em Seu corpo, e sofreu ataques constantes em Sua mente. Talvez nunca tenhamos real noção do que esse período tenha sido para Ele, mas sabemos que Cristo decidiu não Se deixar influenciar por sentimentos, vontades ou qualquer situação externa, por mais forte que tudo isso fosse.

A Bíblia, contudo, não para por aí. Diversos outros episódios de perseguição e rejeição marcaram o ministério de Jesus, além de uma morte dolorosa e humilhante na cruz, provando que, mesmo sendo Filho de Deus, Ele não estava isento de sofrer aflições, tentações, medos e situações praticamente instransponíveis. O mais intrigante é que, observando a vida de Cristo, percebemos que nenhuma dessas dificuldades foi um fator limitador para que Ele cumprisse a vontade de Deus para Sua vida. Apesar de todo sofrimento, das circunstâncias extremas, perseguições, xingamentos, chacotas, ódio e cenários adversos, Jesus continuou inabalável, pregando e ensinando o Reino, operando sinais, maravilhas, curas e libertações por meio do amor e confronto com a verdade do Evangelho.

Da mesma forma, é o nosso relacionamento com Deus, o conhecimento profundo das Escrituras, a nossa identidade firme em Cristo e o revestimento com a armadura que nos habilitam a ser inabaláveis. Isso quer dizer que, ainda que passemos por dificuldades, não ficaremos prostrados no meio do caminho, mas permaneceremos firmes até o fim da tempestade.

Não só isso, mas as Escrituras garantem que, em Jesus, é possível evitar muitas tempestades. Evidentemente, às vezes, as coisas não funcionam como gostaríamos, e nem sempre entendemos os mistérios de Deus. Mas sabemos que Ele tem poder para parar a chuva e mudar o clima. Talvez, a sua tempestade hoje seja uma turbulência em seu casamento, depressão, desemprego, algum problema no relacionamento com seus filhos, pais, ou qualquer outra coisa. Seja o que for, não há tempestade que Jesus não tenha poder para acalmar e transformar. O livro de Marcos nos conta uma famosa história que ilustra bem essa verdade:

> E eles, deixando a multidão, o levaram consigo, assim como estava, no barco; e havia também com ele outros barquinhos. E levantou-se grande temporal de vento, e subiam as ondas por cima do barco, de maneira que já se enchia. E ele estava na popa, dormindo sobre uma almofada, e despertaram-no, dizendo-lhe: Mestre, não se te dá que pereçamos? E ele, despertando, repreendeu o vento, e disse ao mar: Cala-te, aquieta-te. E o vento se aquietou, e houve grande bonança. E disse-lhes: Por que sois tão tímidos? Ainda não tendes fé? E sentiram um grande temor, e diziam uns aos outros: Mas quem é este, que até o vento e o mar lhe obedecem? (Marcos 4.36-41)

Caminhar com Jesus é ter a garantia de que, por pior que a tempestade seja, Ele estará ao nosso lado, lutando em nosso favor para acalmá-la. Nem sempre as coisas ao nosso redor mudarão, e tudo bem, porque isso não anula a bondade de Deus. Mas, por meio do sacrifício de Cristo, temos acesso ao Pai, e através das nossas orações e declarações as realidades podem ser transformadas. Não desista de lutar e conquistar territórios espirituais em oração.

Então, em vez de, em meio à tempestade, reclamarmos ou blasfemarmos contra o Senhor, ou mesmo cometermos injustiças com quem amamos, podemos nos posicionar em oração e deixar que Deus lute em nosso favor, transforme realidades e acalme as tempestades de nossas vidas. Lembre-se: as tempestades são imprevisíveis, mas a maneira como lidamos com elas é resultado direto do que construímos e investimos em nosso interior. Toda tempestade tem dois lados. Podemos apenas focar no que está ruim ou nos apegarmos às lições preciosas que nos habilitarão para os próximos desafios. Tudo isso, porque a carta de Paulo aos romanos nos promete:

> E sabemos que todas as coisas contribuem juntamente para o bem daqueles que amam a Deus, daqueles que são chamados segundo o seu propósito. (Romanos 8.28)

Tudo coopera para o bem daqueles que amam a Deus: situações boas ou ruins. Isso significa que, por meio de Cristo, até mesmo nossas maiores decepções, as injustiças que sofremos, todas as tristezas, desgraças, dores e sofrimentos podem ser transformados em algo bom. Somente Jesus é capaz de trocar a nossa tristeza por alegria, nosso vazio por satisfação, nossa perda por ganho, nossa morte por vida, e nossa perturbação por plenitude de paz. E quando penso nisso, eu me dou conta de que todas essas coisas, por piores que sejam, só nos fazem parecer ainda mais com Cristo. Quanto mais cicatrizes carregamos, mais nos assemelhamos ao Salvador.

Cristo fez um novo caminho para mim e para você; um caminho de alegria, justiça e paz, por onde não poderíamos ir se não fosse por Ele. Hoje, Deus lhe estende o convite da eternidade mais uma vez, mas a escolha de obedecer e trilhar essa jornada é apenas sua. As tempestades, com ou sem Ele, continuarão existindo. A diferença é que Quem vai conosco na caminhada é o próprio Caminho; e se é assim, então estamos bem.

Capítulo 2
ANÁLISE DE DANOS

O Brasil é um país privilegiado, seja por suas riquezas naturais, pelo território, clima, povo, pela gastronomia, literatura, música e tantas outras dádivas que recebemos ou desenvolvemos. Mas isso não quer dizer que estamos imunes às catástrofes ou cegos em relação aos problemas críticos que enfrentamos como nação; porém, felizmente, algo que sempre me aliviou foi o fato de nunca termos presenciado fenômenos naturais devastadores, como vulcões, furações ou terremotos. Sempre li a respeito de coisas assim em jornais e revistas; e quando assistia a filmes sobre o assunto, todos eles me despertavam uma sensação horrível de pânico e agonia por pensar naqueles que vivenciam catástrofes e nada podem fazer para mudar sua realidade. Talvez, muitas dessas pessoas passarão a vida inteira tendo de se adaptar às tragédias causadas por desastres naturais. Alguns de nós, no entanto, a menos que nos mudemos para países afetados por eles, jamais entenderemos o que tudo isso significa.

É bem verdade que o fato de alguns países terem terremotos, por exemplo, não significa que estão em atraso ou pobreza. Os Estados Unidos e o Japão estão aí para não me deixarem mentir. Aliás, não seria exagero dizer que poderíamos ficar horas e horas analisando e debatendo a influência, poder e dinheiro que essas nações têm. Porém, mesmo com tantas facilidades e progresso, mesmo com o *"american way of life"*[1], os Estados Unidos ainda sofrem com furacões assim como o Japão tem de conviver com o constante impacto de terremotos e *tsunamis* em grande parte do seu território.

Mesmo nações tão evoluídas e reverenciadas por outros países não podem escapar da força da natureza e dos reflexos desses incidentes sobre suas populações. Isso significa que quem nasce e mora por lá não tem escolha de bloquear ou retardar furacões, terremotos e outros tipos de fenômenos naturais. Dessa maneira, a não ser que a pessoa se mude dessas localidades, a única saída

---

[1] O *american way of life* foi um conceito atribuído a um modelo comportamental da sociedade americana após a Crise de 29 (crise econômica mundial que ocorreu em 1929). Está diretamente atrelado à ideia de uma vida feliz, com liberdade e sucesso, em que todos os sonhos podem ser realizados; que poderia ser alcançada por meio do trabalho duro, qualidade de vida e bem-estar para todos (alimentação, segurança etc.) e da liberdade de consumo de coisas materiais como base para realização pessoal. Informações retiradas de: BUNDE, Mateus. **American way of life**. *Todo estudo*. Disponível em *https://www.todoestudo.com.br/historia/american-way-of-life*. Acesso em outubro de 2020.

para viver normalmente é estar pronto para situações extremas como essas.

Por conta disso, é necessário compreender que a sobrevivência às circunstâncias incomuns, como abalos sísmicos, por exemplo, não está atrelada simplesmente ao que veio antes, mas também ao que se desdobrou depois. O que quero dizer é que tão importante quanto ter todos os conhecimentos necessários para preservar a vida durante uma catástrofe inesperada é saber como se comportar quando ela passa. E é exatamente aqui que a análise de danos entra em cena, quando, após o caos, paramos e examinamos o que aconteceu; aquilo que foi estragado, e de que maneira foi danificado; e o que permaneceu, se é possível reformar ou não.

Do momento em que acontece uma catástrofe natural em diante, até que a rotina seja reestabelecida, tudo girará em torno da análise de danos. E com a nossa vida precisa ser assim também. Afinal de contas, não faz sentido simplesmente focar todas as nossas energias apenas em nos manter vivos durante as tempestades repentinas e ignorar o fato de que precisaremos de forças, vigor e sobriedade para lidar com o que vem depois.

Em compensação, algo que sempre me traz esperança quando me encontro em situações assim é manter em mente que nenhuma tempestade dura para sempre, como a própria Palavra nos diz:

> O choro pode durar uma noite, mas a alegria vem pela manhã.
> (Salmos 30.5)

O problema é quando nos esquecemos de que elas têm um fim e, por isso, lhes damos permissão para nos paralisar. Às vezes, sem perceber, preferimos dar ouvidos à voz do medo em detrimento das promessas que nos foram feitas por Deus. Assim, quando estamos diante de tudo o que a tempestade quebrou e destroçou, muitas vezes, nossa primeira e única reação é nos desesperarmos e paralisarmos diante daquele cenário. Pensamos na perda de nossos bens conquistados com esforço e trabalho duro, no nosso futuro incerto e de nossos familiares e, dessa forma, acabamos nos deixando levar pelos sentimentos, em vez de admitirmos nossa condição, respirarmos fundo, sofrermos a perda e, apesar da dor, superarmos e seguirmos em frente.

Sei o quanto essa última frase pode soar simplista e, com isso, não pretendo sugerir uma fórmula mágica ou ignorar a complexidade da história de cada pessoa. Porém, acredito, sinceramente, que esse é um bom começo, pelo menos para nos levar a entender a necessidade de nos levantarmos, fazermos alguma coisa e não ficarmos paralisados, sentindo pena de nós mesmos.

E quando me refiro a "fazer algo", talvez nada seja tão prático quanto arregaçar as mangas e limpar a bagunça que o terremoto ou a tempestade deixaram para trás. Entretanto, algo que passei a reparar em processos como esses é que, quando começamos a retirar a sujeira e bagunça, muitas vezes, alguns problemas que foram escondidos e nos recusamos a encarar vêm à tona.

Isso quer dizer que, durante o trabalho de limpeza, começaremos a identificar também aquilo que pode ser reaproveitado, bem como o que não terá outra solução senão uma reforma completa. Quando isso acontece, percebemos como várias coisas em nossas vidas até poderiam ter algum valor ou ser intencionalmente boas, mas simplesmente estavam mal posicionadas e, por isso, necessitam de readequação. Exemplo disso são as prioridades erradas. Por vezes, nossas prioridades podem até ter aquele fundinho "plausível", mas não são as melhores para a nossa vida. Somado a isso, um outro exemplo pode ser algum pecado, e esse não pode apenas ser readequado, precisamos extirpá-lo de nossa existência. Todos passamos por isso. Eu passo, você passa, e até as pessoas mais admiráveis também têm problemas como esse. Ninguém está imune ao processo de transformação de seu caráter, pensamentos e motivações. Da mesma maneira, também não estamos imunes aos dilemas, crises e pendências.

Inclusive, de vez em quando, ao olharmos para algumas áreas de nossas vidas, podemos acabar nos deparando com dilemas esquecidos e crises que pareciam ter sido solucionadas há muito tempo. Contudo, parece que só agora, enquanto estamos no processo de limpeza, nós nos damos conta da quantidade de coisas que foram negligenciadas e colocadas debaixo do tapete. Essas são oportunidades perfeitas para resolvermos as pendências e, como gosto de dizer, "colocar a casa em ordem". É a chance que precisávamos para reconstruir.

E essa análise dos danos, sejam eles novos ou antigos, tem o lugar certo para começar: nossa alma [mais especificamente, nossa vida emocional]. As preocupações cotidianas, principalmente para quem já está na fase adulta, aparentam se multiplicar todos os dias, fazendo parecer poucos os momentos que temos para sondar nossos corações. Aliás, essa atitude, para muitos, pode soar como uma verdadeira perda de tempo, afinal nossa rotina tem se tornado tão frenética, que cada minuto parado, ainda que seja para uma autoanálise, parece um desperdício. Não me surpreenderia se quase todos os leitores deste livro, algum dia, tenham desejado que o dia tivesse trinta horas. Por outro lado, de vez em quando, precisamos colocar o pé no freio e reconhecer a importância do nosso emocional. Comento especificamente sobre isso, porque os números a respeito de doenças psicológicas têm crescido de maneira drástica, tanto no Brasil quanto no mundo.

De acordo com a revista Cadernos de Saúde Pública (CSP), "estima-se que 30% dos adultos em todo o mundo atendam aos critérios de diagnóstico para qualquer transtorno mental".[2] Além disso, o aumento das taxas de ansiedade, depressão e suicídio na população brasileira, especialmente entre os jovens (15 a 29 anos), tem se tornado cada vez mais preocupante. "O Brasil é o país

---

[2] **Saúde mental é tema da revista Cadernos de Saúde Pública.** Matéria publicada por *FioCruz* em 10 de fevereiro de 2020. Disponível em *https://portal.fiocruz.br/noticia/saude-mental-e-tema-da-revista-cadernos-de-saude-publica*. Acesso em setembro de 2020.

com maior prevalência de depressão na América Latina". De acordo com dados da OMS, cerca de 5,8% da nossa população sofre desse mal. Isso culminou também no aumento significativo (24%) do número de suicídios cometidos entre jovens nos últimos dez anos. Ainda segundo os dados da mesma instituição, em relação à ansiedade, aproximadamente 9,3% da população brasileira apresenta os sintomas referentes a esse transtorno.[3]

O emocional não é brincadeira. Precisamos cuidar da saúde de nossas emoções assim como fazemos com nosso corpo e espírito. Quando não estamos saudáveis em nossa alma, onde se encontram nossos pensamentos, desejos e sentimentos, abrimos espaço para que tanto o nosso corpo quanto o nosso espírito também sejam afetados, podendo nos levar a um colapso. É por essa razão que, na maioria das vezes, quando alguém está mal emocionalmente, passa a perder as forças e o ânimo, por exemplo, para investir em seu relacionamento com Deus e na prática de exercícios físicos. É claro que existem exceções, mas no geral a deficiência em uma área de

---

[3] **Você conhece os principais sintomas da depressão e ansiedade?**. Matéria publicada por *Unifesp* em 30 de janeiro de 2020. Disponível em *https://www.unifesp.br/campus/sao/noticias/1219-janeiro-branco-saude-mental*. Acesso em setembro de 2020. Para mais informações, confira também a matéria **Com depressão no topo da lista de causas de problemas de saúde, OMS lança a campanha "Vamos conversar"**, publicada pela *Opas Brasil* em 30 de março de 2017. Disponível em *https://www.paho.org/bra/index.php?option=com_content&view=article&id=5385:com-depressao-no-topo-da-lista-de-causas-de-problemas-de-saude-oms-lanca-a-campanha-vamos-conversar&Itemid=839*. Acesso em setembro de 2020.

nossa vida, quando não tratada, acaba afetando diretamente as outras. Isso, porque somos feitos de corpo, alma e espírito, e não temos como separar isso. Faz parte da nossa formação como seres humanos, o que quer dizer, também, que a saúde verdadeira só poderá ser vivida plenamente quando nos atentamos às três partes. O zelo tem de ser proporcional, por isso, a Bíblia nos diz que:

> Ou não sabeis que o vosso corpo é o templo do Espírito Santo, que habita em vós, proveniente de Deus, e que não sois de vós mesmos? (1 Coríntios 6.19)

Se somos casa do Espírito Santo, comprados por alto preço pelo sangue precioso de Jesus, o mínimo que devemos fazer é nos esforçar para manter tudo em ordem e viver de maneira digna diante de Deus e dos homens. Temos uma responsabilidade como filhos de Deus e templo do Espírito Santo. Não podemos negligenciar o que Ele colocou em nossas mãos.

Aliás, quantos não têm limitado sua saúde espiritual a meras reuniões nos fins de semana ou em ocasiões especiais, colocando de lado a edificação diária e constante? Quantos, por julgarem ser "boas pessoas", não têm usado isso como desculpa para disfarçar seu pecado de gula e descuido com o corpo? Quantos não têm deixado o cuidado com a alma para segundo ou terceiro plano por acharem que isso é bobeira ou coisa de "gente fraca e mimimi"?

O problema de negligenciarmos uma dessas áreas é que acabamos vivendo em pedaços. É triste, mas tenho visto tantos relacionamentos quebrados ultimamente, dentro e fora da Igreja, e isso acontece majoritariamente porque muitos não querem se tratar. Somos bons em dar conselhos para os outros de coisas que não vivemos. Temos as opiniões e recomendações perfeitas, mas não estamos dispostos a abandonar o nosso orgulho para que o outro esteja certo. Não somos proativos em dar passos em direção ao abandono da rejeição, baixa autoestima e traumas e, por isso, nos agarramos a eles como justificativa para o nosso ciúme, insegurança e comparação desenfreada, mesmo que nem percebamos. Idolatramos dinheiro, pessoas e *status*. Gritamos e tratamos mal todos os nossos familiares, enquanto para os de fora somos as pessoas mais dóceis e educadas que existem. Preferimos ser "políticos" em vez de dizer a verdade, ainda que ela liberte. Deixamos de estender graça e misericórdia para aqueles que erram conosco, porque, no fundo, não entendemos o quanto fomos perdoados por Deus (cf. Lucas 7.47). Apontamos o dedo, fofocamos e ainda temos a audácia de dizer que estamos compartilhando com os outros "para colocarmos a situação como pauta de oração". Mentimos em pequenas coisas, porque pensamos que isso não é tão pecado assim. Somos desleais para com as pessoas, furamos fila e, de vez em quando, somos agressivos verbal e fisicamente, afinal de contas, estávamos em "um dia ruim" e acabamos explodindo.

Pedaços. Temos nos contentado com a vida em pedaços. Chega. Pare de se esconder atrás de desculpas que sabotam você. Analise os danos, assuma as responsabilidades, fraquezas e pecados, e trate o seu caráter de uma vez por todas. Nenhum caso é perdido para Deus. Existe esperança e cura para mim e para você, porque Jesus as conquistou na cruz.

As chaves para mudarmos os números de divórcio, suicídio, ansiedade, depressão, violência doméstica, exploração sexual [e a lista não termina aqui] estão aos pés da cruz, mas para termos acesso precisamos nos render. Quando entregamos tudo a Deus, Ele pode nos entregar tudo também. É a nossa constante rendição e dependência d'Ele que nos transforma, dia após dia, em "pequenos cristos". E quando isso acontece, passamos a entender que a vida plena não está em viver de maneira natural, apenas sobrevivendo e aos ataques e tempestades, mas em conhecermos ao Senhor e sermos conhecidos por Ele. Já não importa o que fazemos, o que deu errado, o medo, o que temos ou deixamos de ter, porque Jesus é suficiente para nós.

A respeito disso, o segundo livro de Coríntios nos diz:

> E tudo isto provém de Deus, que nos reconciliou consigo mesmo por Jesus Cristo, e nos deu o ministério da reconciliação; Isto é, Deus estava em Cristo reconciliando consigo o mundo, não lhes imputando os seus pecados; e pôs em nós a palavra da reconciliação. De sorte que somos

embaixadores da parte de Cristo, como se Deus por nós rogasse. Rogamo-vos, pois, da parte de Cristo, que vos reconcilieis com Deus. Àquele que não conheceu pecado, o fez pecado por nós; para que nele fôssemos feitos justiça de Deus. (2 Coríntios 5.18-21)

Deus nos reconciliou consigo mesmo por meio de Jesus Cristo, dando-nos, assim, o ministério da reconciliação. Hoje, através de Cristo e da ajuda do Espírito Santo, somos capazes de reestabelecer e reconciliar tudo aquilo que estava quebrado, caótico, destruído e sentenciado – e aqui, o trecho se refere a nós mesmos e também ao nosso papel de reconciliar pessoas com seus semelhantes, e com Deus. Você e eu fomos chamados para exercer esse ministério, mas não antes de permitirmos que o sangue de Jesus nos lave e purifique, e iniciemos essa longa caminhada no processo de santificação.

É bem verdade que esse processo de revisitação de algumas áreas, abandono de pecados, luta contra traumas e falhas de caráter é bem doloroso, mas é a única opção para os que são discípulos de Cristo. Só seremos vitoriosos e maduros quando não somente analisarmos os danos, mas tomarmos a iniciativa de reconstruir, mesmo que isso custe muito. E, acredite, vai custar.

Não há como sermos corrigidos, refeitos, reformados e arrancarmos coisas nocivas de nós, e não doer ou exigir sacrifícios. Na vida cristã, a salvação é de graça, mas se quisermos nos parecer com Cristo, andar e ter um relacionamento profundo com Ele, teremos de pagar um preço caro de renúncia, entrega e obediência. É como a famosa história do Jovem Rico:

> E eis que, aproximando-se dele um jovem, disse-lhe: Bom Mestre, que bem farei para conseguir a vida eterna? E ele disse-lhe: Por que me chamas bom? Não há bom senão um só, que é Deus. Se queres, porém, entrar na vida, guarda os mandamentos. Disse-lhe ele: Quais? E Jesus disse: Não matarás, não cometerás adultério, não furtarás, não dirás falso testemunho; Honra teu pai e tua mãe, e amarás o teu próximo como a ti mesmo. Disse-lhe o jovem: Tudo isso tenho guardado desde a minha mocidade; que me falta ainda? Disse-lhe Jesus: Se queres ser perfeito, vai, vende tudo o que tens e dá-o aos pobres, e terás um tesouro no céu; e vem, e segue-me. E o jovem, ouvindo esta palavra, retirou-se triste, porque possuía muitas propriedades. (Mateus 19.16-22)

A passagem nos conta sobre um jovem rico que se viu diante do dilema de: 1) seguir a Cristo e 2) apenas garantir "seu lugarzinho no Céu". O moço estava disposto a cumprir os mandamentos e "dançar conforme a música", até o instante em que foi confrontado pelo sacrifício e entrega que teria de fazer. Infelizmente, ele preferiu manter suas riquezas a seguir o Mestre. *Riquezas*, aqui, é uma palavra literal, mas que também pode representar qualquer coisa que cumpra o papel de algo de valor em nossa vida. Talvez o sonho de se casar, pecados de estimação que você mantém, sua antiga vida no mundo, um relacionamento, e por aí vai. A maioria das coisas podem se tornar tesouros para nós. Foi por conta disso que Jesus nos alertou:

> Pois onde estiver o seu tesouro, aí também estará o seu coração.
> (Mateus 6.21 – NVI)

Só existe Um que pode ocupar esse lugar em nosso coração. Mas se O quisermos conosco, temos de pagar o preço. Acontece que, por incrível que pareça, muitas vezes, focamos tanto na dor do sacrifício que a superestimamos e até criamos uma ideia falsa a respeito dela baseada no medo. É por isso que tantos acabam se contentando em viver com feridas abertas em vez de entregarem tudo e se submeterem aos processos de transformação. Preferem conviver com as marcas profundas causadas pela tempestade a se resolver. Mas acredite: a dor de escolher tratá-las de uma vez por todas jamais será maior do que a dor de mantê-las e deixá-las criarem raízes dentro de nós. É como quando deslocamos um membro do corpo e, rapidamente, temos de colocá-lo de volta no lugar para que o caso não piore e resulte em consequências mais graves. A dor da correção e transformação gera liberdade e leveza, enquanto a dor das marcas causadas pela tempestade trazem condenação, discórdia e tristeza. Se não nos tratarmos, elas podem infeccionar o ferimento e contaminar todo o nosso sistema [interno e externo].

Entretanto, mesmo as marcas ruins podem ser transformadas em algo bom quando mudamos nossa ótica. Na prática, quando isso acontece, elas acabam se tornando as ferramentas mais didáticas da nossa caminhada. As marcas são inerentes à trajetória, e, consequentemente, ao dia mau. Como comentei, toda tempestade deixa marcas. Elas, por sua vez, podem ser visíveis ou invisíveis e, frequentemente, só nos daremos conta da sua presença depois de muito tempo. Por outro lado, independentemente do seu tamanho e forma, somos nós que decidiremos se as transformaremos em cicatrizes ou feridas expostas que causam vergonha e mau cheiro.

Agora, pense comigo. Imagine uma pessoa que sofreu, por exemplo, uma queda de avião. Apesar de serem casos raros, os sobreviventes que experimentaram acidentes como esse, com toda a certeza, adquiriram marcas profundas em suas vidas. Muito provavelmente, jamais andarão de avião novamente. Podem ter desenvolvido crises de pânico, transtornos de estresse pós-traumático ou problemas de coração. O simples fato de talvez tocarem no assunto em uma roda de amigos pode ser muito aversivo. O mesmo vale para alguém que tenha vivenciado a queda livre de um elevador. É bem possível que sequelas tenham sido desenvolvidas e aquela pessoa nunca mais queira pôr os pés em um elevador de novo. Sendo assim, apenas se a memória for revisitada e superada, haverá uma cura real, fazendo com que a marca deixada pela experiência difícil ganhe um novo significado.

O mais interessante é que em ambos os casos, talvez, a única solução para dilemas assim seja a perícia. Sempre que situações como essas ocorrem, em geral, as empresas ou órgãos responsáveis devem averiguar o local e coletar provas que atestem o que, de fato, aconteceu ali. Antes de um resultado final, sempre haverá suspeitas das possíveis causas, mas apenas com o laudo de análise é que qualquer afirmação precisa poderá ser feita. Da mesma forma, se desejamos nos livrar do jugo de certas marcas e transformá-las em incentivo para novos desafios, também necessitamos de uma averiguação profunda em nosso interior, estando atentos à voz de Deus, que nos guia nesse percurso.

Pode ser que, após esse primeiro passo, se você está começando sua caminhada com Deus, não escute muito claramente. Se isso acontecer, fique tranquilo, pois não quer dizer que você ficará sem respostas. Aliás, para encontrá-las, basta abrir a Bíblia; ela está recheada de promessas, conselhos e direções. Assim, conforme vamos nos enchendo da Palavra e criando um relacionamento profundo com Deus, aprendemos a discernir quando Ele está falando conosco internamente, o que, por consequência, leva-nos a entender quando precisamos intensificar nossa "investigação" e descobrir a fonte de determinadas marcas deixadas pela tempestade.

Gosto de usar o exemplo de compra e venda de casas em minha cidade. Por aqui, sempre que alguém deseja adquirir um imóvel, tem à disposição um mapa indicando as áreas de alagamento em toda a região. Essa medida tão simples impede que uma pessoa seja prejudicada por não saber se sua nova residência está ou não suscetível a enchentes. Aquele mapa, que poderia passar despercebido para muitos, é um sinal claro que impede que marcas sejam geradas em pessoas desprevenidas.

Foi pensando nisso que percebi o quanto precisamos estar abertos durante uma análise de danos, principalmente quando eles são aparentemente inexistentes. Certa vez, eu me lembro como se fosse hoje, comprei um carro usado e estava animado com aquela conquista. Antes de colocá-lo de vez na estrada, decidi levar o veículo a uma autoelétrica para instalar um aparelho de som e fazer um *check-up*. Porém, assim que o eletricista verificou a parte inferior do painel, disse: "Deive, esse seu carro já pegou enchente". "Enchente? Como assim? Não, cara, esse carro está perfeito! Está tudo novo", respondi estarrecido. Foi quando ele deu um soco embaixo do painel e uma bola de futebol, que estava presa, caiu.

Fiquei um tempo olhando aquela cena sem acreditar no que tinha visto. Muito provavelmente, se não fosse o eletricista, eu nunca suspeitaria da marca que alguma tempestade tinha deixado no meu antigo veículo. Isso me fez pensar que as marcas só permanecem se não formos diligentes em analisar os danos. Em outras palavras, seja enquanto passamos por dificuldades ou logo após elas terminarem, a análise de danos não deve ser uma opção, mas um compromisso que assumimos pensando não só em nós, mas nas pessoas ao redor e em Deus. Após as tempestades, há sempre a possibilidade de restaurar e reformar o que foi destruído, mas nada acontece por osmose. Repare só no exemplo do meu carro. Se antes de chegar às minhas mãos, ele tivesse sido levado a um especialista em limpeza automobilística, o profissional teria feito todos os reparos elétricos necessários para não dar problemas presentes e futuros, e talvez qualquer pessoa que olhasse depois não teria a menor suspeita da condição anterior em que ele se encontrava. Mas por uma falta de análise de danos, descobrimos que aquilo não tinha sido bem resolvido. Quer dizer, a falta de diligência em analisar os danos pode acabar gerando problemas ainda mais profundos e talvez fatais.

Em contrapartida, nesse processo, muitos acabam perdendo a esperança, e aí mora o perigo. Assim, em vez de encontrarmos verdadeiramente onde estragou, quebrou ou o deu problema, acabamos querendo desistir porque pensamos que os danos são tão graves e terríveis que talvez seja impossível termos uma nova chance. A análise de danos, às vezes, pode nos fazer chegar à conclusão de que aquilo que os nossos olhos veem é impossível de restaurar. E é aqui que muitos desistem e se afundam ainda mais em si mesmos e em sua dor. É nessas horas também que, além de desencorajadas, muitas pessoas acabam não só sucumbindo à voz de Satanás, mas também à lógica humana de que não será possível reparar os danos e viver novamente após a tempestade. Porque, às vezes, o que a tempestade destruiu era extremamente importante.

Contudo, quem seria melhor do que Jó para nos provar o contrário? Aliás, há quem diga que ele foi um dos homens mais provados em toda a Bíblia. Jó perdeu absolutamente tudo: filhos, posses e até a sua saúde foi tocada pelo Inimigo. No entanto, após alguns capítulos de muita, muita dor, choro e perseverança, vemos esse homem dizer uma das coisas mais improváveis em meio à sua crise extrema:

> Porque há esperança para a árvore que, se for cortada, ainda se renovará, e não cessarão os seus renovos. (Jó 14.7)

Parece uma insanidade, mas Jó, em nenhum momento, reclamou ou blasfemou contra o Senhor, pois tinha esperança e fé no socorro que viria dos Céus. Ele não viu, mas creu, apesar do que seus olhos viam.

Portanto, entenda: a análise de danos não pode ser motivo de desistência, não pode ser aquilo que nos fará parar, entregar os pontos. Pelo contrário, ela tem de trazer à luz o prejuízo e nos motivar a fazermos os reparos, uma vez que dias difíceis chegarão novamente, e temos de nos consertar para que não voltemos a quebrar exatamente naquele mesmo lugar. É por isso que analisar os danos é importante.

Eu não sei em que momento de sua vida você está agora. Talvez esteja no começo da tempestade, no meio dela ou no seu fim, mas, seja como for, quando ela terminar, você precisará passar por uma revista em sua vida, sua casa, no seu relacionamento com seus filhos, com seu cônjuge, em seu trabalho, finanças, e em todas as áreas de sua vida. Lembre-se: não negligencie a análise, porque, às vezes, a tempestade quebra coisas que estavam fora do alcance dos nossos olhos, e não podemos deixar assim, temos de reconstruir, superar, tratar-nos; não só para que não quebremos novamente nos próximos temporais, mas para que possamos viver de maneira plena. Desse modo, tornamo-nos mais fortes e passamos a enxergar não apenas os danos, mas a beleza, paz e leveza que existe quando a tempestade termina.

Capítulo 3

O QUE A TEMPESTADE TROUXE DE BOM

O mundo está cada vez mais cético em relação às pessoas, à política, valores, Igreja, família, princípios, ao casamento, a Deus e um monte de outras coisas. Em nome de uma suposta necessidade de sermos realistas a respeito do que acontece ao nosso redor, pouco a pouco, permitimos com que o relativismo e a dúvida se tornem o nosso parâmetro sobre o que é normal, e, assim, passamos a nos conformar.

O problema é que, sem perceber, nossa primeira reação diante de tudo o que acontece é o pessimismo e, justamente por isso, a submissão ao velho discurso falacioso que afirma que o mundo não tem conserto. Parece catastrófico pensar dessa forma, e realmente é, mas, por incrível que pareça, é esse tipo de fala que tem se popularizado por aí. Isso fica claro, por exemplo, quando estamos diante de uma situação difícil e, em vez de orarmos e confiarmos na ação de Deus, preferimos reclamar e praguejar – porque é mais fácil ser pessimista. Dá menos trabalho e machuca menos relativizar e acreditar no lado ruim das circunstâncias e pessoas.

Esperança, por outro lado, é coisa de gente corajosa. Escolher enxergar o lado bom de uma situação ruim requer muita força, nobreza e valentia. Ver o melhor nas pessoas e circunstâncias, continuar acreditando quando a realidade nos afirma algo diferente do que gostaríamos e insistir, mesmo quando tudo diz "não", só é possível genuinamente quando entendemos que, por meio de Cristo, fomos habilitados a ter uma nova perspectiva e destino. Isso significa que, por pior que seja a tempestade, ela sempre terá um lado bom. E mais, ela não será desperdiçada. Portanto, ainda que traga dificuldades, cada uma delas servirá para nos aproximar do propósito que Deus tem para nós.

E talvez nenhuma passagem bíblica confirme tanto essas palavras quanto a história de Jonas:

> A palavra do Senhor veio a Jonas, filho de Amitai com esta ordem: "Vá depressa à grande cidade de Nínive e pregue contra ela, porque a sua maldade subiu até a minha presença". Mas Jonas fugiu da presença do Senhor, dirigindo-se para Társis. Desceu à cidade de Jope, onde encontrou um navio que se destinava àquele porto. Depois de pagar a passagem, embarcou para Társis, para fugir do Senhor. (Jonas 1.1-3 – NVI)

Acho interessante a forma como pensamos saber profundamente a respeito de nossa vida, de como devemos dirigi-la, viver, sentir e nos comportar. Sempre pensamos ter boas estratégias, planos e decisões inteligentes, que nos levarão para onde queremos e achamos ser a melhor opção para o nosso futuro. Entretanto, quando alguma coisa sai do *script*, nós nos desesperamos, pois o plano não previa interrupções bruscas. E é quando chegamos nesse ponto que percebemos que, talvez, o controle nunca tenha sido nosso.

Ainda assim, uma das coisas mais difíceis para o ser humano é soltar o controle. Confiar. E isso não muda quando nos referimos a Deus. Não são todos que confiam n'Ele a ponto submeter-se ao Seu domínio. Aliás, a maior dificuldade nisso tudo não está em entregar o controle, mas sim em fazê-lo de maneira voluntária. Muitos, diante das tempestades, acabam se assustando e, por se verem sem saída, correm para Deus e Lhe permitem dirigir suas vidas; e tudo bem. Mas aquele com uma fé racional, madura e inteligente não espera ser capturado pelo medo para se render, porque entende que, no fundo, nunca teve o controle de nada, nem mesmo de sua própria vida.

Por isso, as Escrituras nos instruem:

> Entregue o seu caminho ao Senhor; confie nele, e ele agirá.
> (Salmos 37.5 – NVI)

> O coração do homem pode fazer planos, mas a resposta certa dos lábios vem do Senhor. (Provérbios 16.1 – ARA)

Mas, fato é que, ainda que os planos de Deus sejam infinitamente maiores e melhores, Ele nunca nos obriga a nada. Por isso, é uma escolha nossa viver a vontade absoluta do Senhor. O que não nos dizem, no entanto, é que, de uma forma ou de outra, mesmo que escolhamos entregar o controle voluntariamente, ou não, ele nunca esteve em nossas mãos. Ou o oferecemos a Deus ou as circunstâncias o tirarão de nós. O surto da Covid-19 está aí para nos provar isso. Em janeiro, antes de tudo acontecer, a maioria das pessoas tinha a certeza de que o controle de suas vidas lhes pertencia de maneira completa. Muitos de nós sabíamos as metas, planos, quando, onde, por que e até como faríamos para colocar em prática os rascunhos que desenhamos para o futuro. Foi quando, de repente, a pandemia chegou e arrancou de todos o que achávamos que tínhamos. Porém, a verdade é que nunca controlamos absolutamente nada. No fundo, nunca esteve em nossas mãos. O que temos é uma falsa sensação de que controlamos, e foi exatamente isso que um vírus nos mostrou. De uma hora para outra, as coisas mudam, e o que temos é a chance de entregar o controle antes de perdê-lo. O interessante é que, por mais que entregar seja, de alguma forma, perder, a entrega aqui não é para qualquer um, e nisso mora o segredo. Quando o devolvemos para Quem sabe como usá-lo, tempestade nenhuma pode roubar o controle de nossas vidas, afinal ninguém é roubado de algo que não tem.

É isso que eu visualizo quando penso na história de Jonas. Assim que Deus direcionou o profeta para Nínive, quase consigo imaginar a Sua reação ao vê-lo a caminho de Társis, que ficava do lado completamente oposto. Jonas, com a ilusão de que estava no controle, entrou em um barco, mar adentro, e foi embora. Então, a tempestade chegou, e a Bíblia nos conta que:

> Então temeram os marinheiros, e clamavam cada um ao seu deus, e lançaram ao mar as cargas, que estavam no navio, para o aliviarem do seu peso; Jonas, porém, desceu ao porão do navio, e, tendo-se deitado, dormia um profundo sono. E o mestre do navio chegou-se a ele, e disse-lhe: Que tens, dorminhoco? Levanta-te, clama ao teu Deus; talvez assim ele se lembre de nós para que não pereçamos. E diziam cada um ao seu companheiro: Vinde, e lancemos sortes, para que saibamos por que causa nos sobreveio este mal. E lançaram sortes, e a sorte caiu sobre Jonas. Então lhe disseram: Declara-nos tu agora, por causa de quem nos sobreveio este mal. Que ocupação é a tua? Donde vens? Qual é a tua terra? E de que povo és tu? E ele lhes disse: Eu sou hebreu, e temo ao Senhor, o Deus do céu, que fez o mar e a terra seca. Então estes homens se encheram de grande temor, e disseram-lhe: Por que fizeste tu isto? Pois sabiam os homens que fugia da presença do Senhor, porque ele lho tinha declarado. E disseram-lhe: Que te faremos nós, para que o mar se nos acalme?

Porque o mar ia se tornando cada vez mais tempestuoso. E ele lhes disse: Levantai-me, e lançai-me ao mar, e o mar se vos aquietará; porque eu sei que por minha causa vos sobreveio esta grande tempestade. Entretanto, os homens remavam, para fazer voltar o navio à terra, mas não podiam, porquanto o mar se ia embravecendo cada vez mais contra eles. Então clamaram ao Senhor, e disseram: Ah, Senhor! Nós te rogamos, que não pereçamos por causa da alma deste homem, e que não ponhas sobre nós o sangue inocente; porque tu, Senhor, fizeste como te aprouve. E levantaram a Jonas, e o lançaram ao mar, e cessou o mar da sua fúria. (Jonas 1.5-15)

A tempestade arrancou o controle das mãos de Jonas. O profeta havia perdido a única coisa que achava que tinha. E quando aqueles homens o jogaram ao mar, ele ficou à deriva – acho que a coisa mais agonizante para quem pensa que tem o controle é ficar à deriva, não saber para onde está indo, o que fazer ou como se portar. Ali, naquela situação, imagino o desespero daquele homem, sem saber se viveria, morreria ou o que aconteceria em seguida.

Então, a Palavra nos diz que Deus enviou um grande peixe, que engoliu Jonas. Agora, pense. Imagine ser engolido por um peixe e permanecer em sua barriga durante três dias e três noites. Essa história me choca. Pense no cheiro horrível, na escuridão, no pânico de achar que talvez ele nunca mais sairia dali de dentro e no arrependimento por não ter sido obediente logo de cara. Mas o curioso é que até mesmo o peixe obedeceu à voz de Deus, e Jonas não; assim como na história de Moisés, em que a sarça se rendeu à vontade divina, mas o Egito se recusou. Além disso, vemos na Bíblia que a tempestade, o vento, o mar, o Sol, as estrelas, tudo obedece à voz de Deus. Até um jumento obedeceu à Sua voz (cf. Números 22.22-35). Mas nós, como somos teimosos para escutar e nos submeter de primeira, porque, no fundo, pensamos que conseguimos controlar as coisas e que somos bons nisso, não obedecemos ao Criador.

Por isso, se eu pudesse dar um conselho, diria: pare de lutar contra Deus, afinal é impossível se esconder d'Ele e ser satisfeito plenamente longe da Sua presença e vontade. Se você não ceder o controle para o Senhor, saiba que a tempestade e as circunstâncias, uma hora ou outra, acabarão roubando-o de você. E pior do que entregar, é quando ele é tirado de nós. Então, antes que a tempestade o arranque de novo, antes que a situação o tire mais uma vez, antes que o dia mau se apresente a você novamente, entregue a Ele.

Admita, você não é autossuficiente para controlar a sua vida. Você não é capaz de fazer sozinho. A graça de tudo é entender que o livre arbítrio é real, mas que Deus sempre criará meios para nos mostrar o caminho até Sua vontade. O que está em nossas mãos é o que faremos com isso. "Ah, mas eu sei para onde eu vou". Não, nós pensamos que sabemos. Pare de lutar contra aquilo que Deus tem para você. Pare de resistir aos planos d'Ele para a sua história:

"Porque sou eu que conheço os planos que tenho para vocês", diz o Senhor, "planos de fazê-los prosperar e não de lhes causar dano, planos de dar-lhes esperança e um futuro. Então vocês clamarão a mim, virão orar a mim, e eu os ouvirei. Vocês me procurarão e me acharão quando me procurarem de todo o coração". (Jeremias 29.11-13 – NVI)

Deus tem o melhor para você. Sei que essa frase soa clichê, mas carrega uma verdade tão profunda. E, com isso, quero dizer que o melhor não é o bom. Não é o ótimo, tampouco é o que você quer ou pensa ser. O melhor é o que você precisa. E se Deus nos criou e nos ama, quem poderia saber o que necessitamos mais do que Ele? Portanto, abaixe suas defesas, suas armas, seus argumentos, sua necessidade de ter razão o tempo inteiro. Você não sabe de tudo. Você não pode tudo. Então, por que tenta lutar as suas guerras sozinho? Por que pensa que vai dar conta sem ajuda? Não dá. Entregue-se, submeta-se, descanse n'Ele, e veja o Deus invicto lutar em seu favor.

A Bíblia continua a história de Jonas, e diz que o peixe, após os três dias, vomitou o profeta na praia de Nínive. Às vezes, as circunstâncias mais difíceis são encarregadas de nos levar para o centro da vontade de Deus. Que incrível saber que Ele é capaz de usar as piores coisas para o nosso bem. Uma pandemia, uma situação complicada ou uma crise pode ser exatamente aquilo que precisávamos para nos realinhar com o coração do Senhor, para nos lembrar do Seu cuidado por nós, que, por tanto tempo, nós nos esquecemos.

Dessa forma, a tempestade pode até ser ruim, mas, se permitirmos e formos humildes para entregar o controle, ela poderá nos levar até a "praia de Nínive" – justamente onde precisamos estar. Nesse sentido, o que eu acho lindo no livro de Jonas é que, apesar da relutância e desobediência, ele se arrependeu. E a Palavra nos diz que todos naquela cidade creram no Senhor, abandonaram seus maus caminhos, e "[...] Deus se arrependeu e não os destruiu como tinha ameaçado" (Jonas 3.10 – NVI).

Até mesmo o dia mau traz coisas boas. Seja uma perspectiva nova, um ensinamento, uma oportunidade que antes não havia ou o início de um relacionamento com Deus, do mesmo modo que foi com Nínive. Muitos se aproximam d'Ele em situações difíceis, de desespero, tristeza e injustiça, e tudo bem por isso. Mas acredito que uma das maiores e melhores lições que uma tempestade pode gerar em nós, se permitirmos, é a revelação da necessidade de sermos constantes, principalmente em nossa relação com Ele.

A esse respeito, no livro de Tiago diz:

> Se, porém, algum de vós necessita de sabedoria, peça-a [...] porém, com fé, em nada duvidando; pois o que duvida é semelhante à onda do mar, impelida e agitada pelo vento. Não suponha esse homem que alcançará do Senhor alguma coisa; homem de ânimo dobre, **inconstante** em todos os seus caminhos. (Tiago 1.5-8 – ARA – grifo do autor)

Deus odeia a inconstância. Tanto é que Tiago é claro ao escrever que os inconstantes não receberão nada do Senhor. Porém, talvez mais do que nunca, temos visto a presença destruidora desse mal em muitas pessoas. É bem verdade que a constância custa caro. Não é à toa que tantos se destacam não por serem os mais talentosos, mas os mais perseverantes, esforçados. Isso, porque o mundo reconhece a perseverança como uma qualidade extraordinária e superior. Aliás, a própria Bíblia nos garante que são os que perseverarem até o fim que serão salvos (cf. Mateus 24.13). Logo, a perseverança é um consenso, afinal ninguém nutre uma opinião ruim a respeito dela. Por outro lado, são poucos os que realmente se posicionam e se engajam em uma vida de constância.

Talvez, um dos exemplos bíblicos de maior inconstância seja o povo hebreu. Há algum tempo, eu estava lendo a respeito da saída do povo de Deus do Egito e do trajeto até Canaã. O que me impressionou foi descobrir que, após terem sido libertos de séculos de escravidão naquele país (cf. Êxodo 12.41 e 51), o próximo passo, depois de permanecerem aproximadamente um ano na região do Monte Sinai, era uma jornada de alguns dias em direção à Terra Prometida. A questão é que, o que deveria ter durado poucos dias resultou em 40 anos de peregrinação. Entretanto, por conta da desobediência, teimosia e inconstância do povo de Israel, Deus não permitiu que aquela geração entrasse em Canaã. Foi necessário, então, todo esse tempo no deserto para que uma nova geração surgisse e pudesse viver a promessa que Deus havia feito para aquele povo (cf. Números 14.29-33).[1]

Em Números 33, são expressos todos os quarenta e dois lugares diferentes que os hebreus acamparam em sua estadia no deserto. A Bíblia nos mostra que havia duas rotas para chegar a Canaã. A primeira era a mais rápida, ficava ao norte do Sinai, e era a preferida da maioria dos povos. Aharoni e Sarna, dois estudiosos sobre o assunto, descreveram esse caminho como o mais comum, utilizado, inclusive, por faraós para incursões na Ásia. Além disso, "tornou-se uma das vias internacionais de comunicação mais importantes através da História, servindo como artéria para o comércio internacional".[2] Porém, o livro de Êxodo nos revela que não foi esse o caminho que Deus escolheu para o Seu povo:

> E aconteceu que, quando Faraó deixou ir o povo, Deus não os levou pelo caminho da terra dos filisteus, que estava mais perto; porque Deus disse: Para que porventura o povo não se arrependa, vendo a guerra, e volte ao Egito. Mas Deus fez o povo rodear pelo caminho do deserto do Mar Vermelho; e armados, os filhos de Israel subiram da terra do Egito. (Êxodo 13.17-18)

---

[1] HUBNER, Manu Marcus. **As jornadas dos israelitas pelo deserto.** *Estação Literária*, Londrina, v.10, p. 276-287, 2013.
[2] *Ibid.*

A rota que o povo de Deus utilizou foi a do "caminho do deserto do Mar Vermelho", conforme Êxodo 13.18. De acordo com estudos e passagens bíblicas, essa via ficava ao sul, em direção ao interior do deserto, que era uma área distante do controle filisteu e egípcio (cf. Êxodo 13.17), o que acabou minando qualquer possível tentativa de retorno, caso algum hebreu se arrependesse da saída do Egito e quisesse voltar atrás.[3]

Contudo, apesar da distância um pouco maior, os hebreus não deveriam ter permanecido anos no deserto. Eles haviam recebido uma promessa de Deus extraordinária. Eram escravos no Egito, mas, por conta de Sua aliança com Abraão, Isaque e Jacó, o Senhor os livraria, faria deles uma grande nação e lhes daria Canaã. Acontece que, como dito anteriormente, esse processo perdurou por quatro décadas. Em nosso calendário, isso corresponde a 14.600 dias que o povo ficou vagando no deserto, e muitos não viveram o cumprimento da promessa.

Mas a pergunta que fica é: por quê? Por que algo que era para ter acontecido tão depressa demorou tanto para virar realidade? Por que aquilo que era uma promessa do Senhor, tão viva e real, demorou tanto para se concretizar e para muitos não se cumpriu? A culpa, por acaso, é de Deus? Não, mas, curiosamente, muitas pessoas que estão com a vida atrasada, que passam por dias difíceis ou que gostariam de estar vivendo os propósitos divinos atribuem a culpa a Ele. "Deus não me ouve!";

---

[3] *Ibid.*

"Deus não faz!"; "Deus não me responde!"; "Deus me desamparou". Não. A causa disso definitivamente não é Deus, porque Ele não muda. Somos nós que acordamos de manhã querendo uma bicicleta e, de noite, vamos dormir pensando em casamento. Mudamos de opinião, de planos e, infelizmente, até de princípios todos os dias, porque a verdade é que não entendemos o valor e a recompensa que a constância traz. Além disso, não sabemos o que queremos e, sinceramente, não nos importamos muito se isso, de fato, nos fará bem a longo prazo ou não, pois, na maior parte do tempo, o nosso intuito é "fazer aquilo que dá na telha"; o que é bom para hoje, imediatamente. É por isso que tantas vezes acabamos "dando com os burros n'água" e, em vez de assumirmos a responsabilidade por nossas escolhas, culpamos a Deus por nossa inconstância e nossas mudanças bruscas de caminho.

Muitos recebem promessas de Deus, iniciam bem e permanecem nesse plano por um tempo. Vários começam a desenvolver um relacionamento com o Senhor e até creem durante certo período. Mas o problema é que a maioria tem dificuldade de crer e continuar crendo; de amar e continuar amando; de se arrepender e permanecer arrependido. A nossa grande questão é que somos constantes quando nos interessa. Quando a crise se estabelece, quando a luta chega, quando uma pandemia se instala, quando sofremos um acidente, quando um ente querido está à beira da morte, aí, sim, nos lembramos, aí, sim, buscamos, nos arrependemos, ficamos "bonzinhos", temos tempo para o quarto secreto, procuramos a Deus e queremos respostas. E ai de Deus se não nos responder no dia da angústia! Mas no dia bom, nem sabemos quem Ele é, nem nos lembramos d'Ele. Não O buscamos, não O queremos, não nos arrependemos, não temos temor nenhum. Então, a inconstância domina.

Fato é que a tempestade pode, sim, levá-lo ao arrependimento, ao relacionamento com Deus, à busca do Seu coração e dos planos que Ele tem para sua vida, mas quando o dia mau acabar, a sua caminhada com o Senhor não pode terminar também. Temos de amar e obedecer a Jesus hoje, amanhã e depois de amanhã, até o fim, andando em constante arrependimento. A tempestade pode acabar, mas não podemos deixar que isso diminua a nossa devoção ou faça com que esfriemos novamente. Pelo contrário, se a tempestade bater à porta, então é hora de permanecer na constância de algo que já estávamos construindo com Deus, de permitir que a nossa fé seja testada e nosso caráter aprovado, como Paulo diz:

> Tendo sido, pois, justificados pela fé, temos paz com Deus, por nosso Senhor Jesus Cristo, por meio de quem obtivemos acesso pela fé a esta graça na qual agora estamos firmes; e nos gloriamos na esperança da glória de Deus. Não só isso, mas também **nos gloriamos nas tribulações, porque sabemos que a tribulação produz perseverança; a perseverança, um caráter aprovado; e o caráter aprovado, esperança**. E a

esperança não nos decepciona, porque Deus derramou seu amor em nossos corações, por meio do Espírito Santo que ele nos concedeu. (Romanos 5.1-5 – NVI – grifo do autor)

É a fé madura, constante, perseverante, que busca dia e noite, no dia bom e no dia mau, que nos faz ser aprovados e desenvolver esperança. Mas quando somos voláteis, inconstantes, o que era para levar "alguns dias" acaba durando "anos". O povo de Israel, mesmo com a promessa e o respaldo de Deus, era incapaz de confiar n'Ele e permanecer fiel. Ora estavam felizes por terem sido libertos da escravidão do Egito, ora praguejavam por estarem no deserto. Ora agradeciam ao Senhor e celebravam, ora adoravam outros deuses. Ora festejavam o Maná, ora reclamavam da falta de carne e outros alimentos que tinham no Egito. Ora se prostravam e O adoravam, ora se voltavam contra Ele.

No entanto, está na hora de vencer a inconstância para acelerar o nosso destino. Precisamos aprender a perseverar todos os dias, a buscar constantemente, a não abandonar o Senhor e o que Ele tem para nós só porque o dia bom se apresentou. É por conta disso que, para mim, muitas pessoas não podem ser abençoadas, porque não têm maturidade para lidar com a bênção. Não têm estrutura e discernimento para filtrar que o caráter de Deus não é alterado por aquilo que Ele faz ou deixa de fazer por nós. Se Deus nos dá, Ele é bom; senão, Ele permanece bom. O Senhor não tem obrigação de nos dar nada. Ele não é obrigado a fazer alguma coisa. E é quando andamos com Deus e passamos a conhecê-lO profundamente que descobrimos o que todos aqueles que são constantes sabem faz tempo: aquilo que Ele faz jamais será mais importante do que quem Ele é.

Por outro lado, os inconstantes e mimados exigem de Deus, como se Ele fosse pago para trabalhar para eles, e quando ganham ou não o que esperam, logo desaparecem e retardam os planos divinos. Vão embora quando recebem o "sim" ou o "não" de Deus.

Talvez, esse seja o seu caso. E, se a sua vida está atrasada, saiba que isso é resultado da sua inconstância. Portanto, pare de dizer que Deus não ouve você, que Ele Se esqueceu, abandonou, ou que não responde suas orações. Entenda que o maior culpado do atraso é você. Somos nós. E digo isso por experiência própria. Eu poderia ter começado a pregar e viver esse grande plano do Senhor para mim muito antes. Poderia ter iniciado meu ministério, aprendido e cultivado muito mais tempo no meu relacionamento com Deus, mas não vivi tudo isso antes, porque eu abandonei, desacreditei no meio do caminho. Se tivesse levado a sério quando era para ter levado, e sido constante, já estaria muito mais longe do que agora.

Hoje, eu olho para trás e me arrependo. Ainda bem que a graça e a misericórdia de Deus nos alcançam, nos aceitam. Que honra é poder ser lavado pelo sangue precioso de Jesus e poder viver como parte da realeza, apesar da nossa humanidade fraca, nossa teimosia, nosso coração duro e inconstância. Que privilégio poder caminhar com Jesus e ser transformado pelo Espírito Santo ao longo dessa jornada.

Então, o meu desejo para mim e para você é que possamos amar ao Senhor hoje com todas as nossas forças e entendimento. Ainda que a figueira não floresça, ainda que as colheitas não deem em nada (cf. Habacuque 3.17), mesmo que nossos olhos não vejam, que não sintamos coisa alguma, ainda que as situações ao redor não estejam bem, ou se estiverem, em tudo isso, nós O amaremos, permaneceremos fiéis e constantes. Buscaremos Sua face e nos renderemos, procuraremos por Ele, continuaremos crendo em Suas promessas e nos arrependeremos. Que, a partir de hoje, não permitamos mais que a inconstância nos tire do propósito divino, do centro da Sua vontade; que nossa sede por controle não nos cegue e nos faça abandonar Quem realmente importa. E que, seja no dia bom ou no dia mau, Deus continue tendo toda a nossa devoção, nossa entrega verdadeira e nosso coração para sempre.

Capítulo 4

PONTOS DE FRAGILIDADE

Lembro-me de uma vez em que estava assistindo a um documentário sobre a reconstrução de um avião que havia caído em algum lugar que não me recordo. Como a aeronave havia sido completamente destruída, nem mesmo o material encontrado na caixa preta podia dar informações precisas sobre o que ocorrera. Mas, nisso tudo, o que mais me deixou impressionado foi o fato de que o avião acabou demorando quase dez anos para ser reconstruído por inteiro, já que todas as suas partes estavam no fundo do oceano. Cada novo pedaço encontrado, peça por peça, como se fosse um quebra-cabeça, foi fixado em seu devido lugar até o avião ser reconstituído. Vendo essa cena, fiquei pensando no porquê de tanto tempo, dinheiro e esforços gastos ao longo daquele período. Foi quando o narrador disse que, graças à montagem, os especialistas poderiam fazer uma análise completa e descobrir o que fez aquele avião perder altitude e ser engolido pelo mar.

Isso quer dizer que foram empregados esforços por quase uma década para descobrir o "calcanhar de Aquiles"[1] responsável pela tragédia. Isso, porque, assim como esse herói da mitologia grega, havia um segredo naquele aeroplano que poderia decretar o seu fim, e nem mesmo os mecânicos acostumados com o seu modelo souberam identificá-lo. Infelizmente, foi apenas quando a situação pôs o avião à prova que aquela falha foi exposta.

Em nossa vida, não é muito diferente. Quando as tempestades chegam, se as nossas fraquezas e situações mal resolvidas já não tiverem sido tratadas, somos surpreendidos no instante em que elas vêm à tona. Ainda assim, o pior de tudo é que, quase sempre, acabamos enterrando as fragilidades, o que dá uma falsa sensação de que elas sequer existem. Porém, basta um vento mais forte para que, em fração de segundos, tudo desmorone.

Na verdade, o que acontece em um dia de angústia e dificuldade não é um fenômeno raro, vindo do nada, mas

---

[1] "Calcanhar de Aquiles" é uma expressão utilizada para indicar um único ponto-fraco em alguma estrutura ou pessoa, devido à lenda do herói Aquiles que era supostamente invencível, com exceção de uma fragilidade que tinha no calcanhar. **Calcanhar de Aquiles**: lenda grega explica origem do ponto fraco. Publicado por *Superinteressante* em 30 de abril de 1996, atualizado em 31 de outubro de 2016. Disponível em *https:// super.abril.com.br/comportamento/calcanhar-de-aquiles-lenda-grega-explica-origem-do-ponto-fraco/*. Acesso em outubro de 2020.

uma consequência. Em outras palavras, a tempestade só destrói aquilo que já estava frágil e desprotegido.

    Esse é justamente o caso de problemas que ficaram evidentes ao longo da quarentena que vivemos recentemente, por exemplo. Não faz muito tempo, eu li uma notícia que dizia que, durante esse período que enfrentamos, entre os meses de maio e junho, o número de divórcios no Brasil aumentou em mais de 18%. Em alguns estados, como Amazonas e Piauí, esse número passou de 100%.[2] Mesmo sendo um cenário tão caótico, esses dados só comprovam a capacidade que uma tempestade tem para desestabilizar aquilo que já estava comprometido. Sendo bem sincero, acredito que muitos desses casamentos que acabaram oficialmente durante a pandemia já haviam terminado há muito tempo, e só precisaram de um acontecimento extraordinário para selar tudo.

    Quando se trata de um casamento que acaba assim, basta olharmos mais de perto para descobrirmos que, em muitos casos, o problema era simples, e começou lá atrás, mas ninguém prestou atenção; do contrário, tudo poderia ter sido resolvido. A grande questão é que, muitas vezes, não queremos tratar nossas fraquezas

---

[2] **Cartórios registram aumento de 18,7% nos divórcios durante a pandemia**. Publicado por *Agência Brasil* em 22 de julho de 2020. Disponível em *https://agenciabrasil.ebc.com.br/geral/noticia/2020-07/cartorios-registram-aumento-de-187-nos-divorcios-durante-pandemia#:~:text=O%20n%C3%BAmero%20de%20div%C3%B3rcios%20consensuais,%2C%20aumenou%2018%2C7%25*. Acesso em outubro de 2020.

e defeitos, e acabamos caindo no erro de pensar que essa responsabilidade é do outro, e não nossa.

Como exemplo disso, eu me lembro de que, na época da faculdade, quando cursava Direito e tínhamos as chamadas Audiências de Instrução e Julgamento (AIJ), cada parte envolvida tinha de ouvir a outra na frente do juiz, sem interrupções. Sendo assim, quando havia um divórcio, por exemplo, marido e mulher deveriam apresentar claramente para todos ali os motivos de quererem se separar.

Nesse momento, em que não havia outra opção senão ouvir as razões de cada um, não era difícil encontrar casais desolados. Afinal, talvez, aquela tenha sido a primeira vez em que ele ou ela havia parado para escutar as queixas do outro de maneira sincera e sem rodeios. Era por conta disso que muitos, de repente, começavam a chorar, percebendo como aquelas reclamações pareciam tão pequenas e sem sentido, e não precisavam ter chegado àquele ponto, na frente de um magistrado que decidiria o futuro dos dois.

Nesse sentido, é muito triste compreender o quanto nós, seres humanos, muitas vezes, só enxergamos a raiz dos nossos maiores problemas quando os estragos são irreversíveis. Durante um processo de separação, pode ser que o casal se arrependa e aquela situação tenha fim, mas não é sempre que isso acontece. No entanto, se essa conclusão parece tão óbvia, por que tantas pessoas continuam insistindo em erros ou deixando detalhes importantes de suas vidas para serem resolvidos depois? Quantas catástrofes poderiam ser evitadas se apenas parássemos por um instante e refletíssemos nas possíveis consequências?

Quando entendi isso, passando por algumas experiências muito dolorosas, cheguei à conclusão de que algo precisa ser feito antes do vendaval. Evidentemente, devemos nos preparar antes que ele chegue, mas não pode parar por aí; temos de analisar a nossa vida constantemente. Em outras palavras, de maneira intencional e antecipada, precisamos encontrar nossas fraquezas. O problema é que, quando elas se tornam uma pauta a ser tratada, alguns acabam fugindo, ignorando ou se desesperando. Porém, lá no fundo, gostando ou não de tocar nesse assunto, todos sabemos aquilo que nos atinge profundamente de um jeito ruim: sejam pecados, falhas de caráter, erros que decidimos ocultar ou medos, inseguranças e por aí vai. A questão é que grande parte de nós não foi ensinada a expor nossas dificuldades e nos abrir para a ajuda; fomos treinados a esconder nossas vulnerabilidades com a justificativa de "nos tornarmos mais fortes".

A verdade é que ninguém gosta de admitir que é frágil, ainda mais hoje em dia. Uma rápida olhada nas redes sociais de qualquer pessoa nos apresentará belas paisagens, dias ensolarados, sorrisos, lindos pratos de comida e tantas outras imagens que remetem a uma vida perfeita. Enquanto isso, os problemas e dificuldades de tantos são jogados para debaixo do tapete, e vão consumindo-os aos poucos.

Por exemplo, quantos relacionamentos contemplados como "perfeitos" na *internet*, de repente, num estalar de dedos, foram por água abaixo? Por conta de situações como essa, associadas a tantos casos de depressão e ansiedade, eu diria que um dos maiores problemas da nossa geração é o culto à vida *on-line* irreal. O que é postado, na maior parte das vezes, não é a vida de verdade, ou a completude dela. Ninguém acha interessante ou conveniente publicar os dias maus, o que acaba fazendo com que um círculo vicioso de postagens sempre "boas" crie um ideal de perfeição que não existe. É claro que, com isso, não estou defendendo que devemos postar nossas lutas, fraquezas, tragédias, pecados, ou seja lá o que for. O que precisamos é compreender que a vida é mais do que vemos por uma tela de celular. Todos somos seres humanos e passamos por dificuldades, crises, dilemas, medos e lutas. Mesmo pessoas ricas, influentes, famosas, que talvez você admire e que parecem ter uma vida perfeita batalham com questões internas e externas que ninguém conhece ou vê. Ninguém é perfeito, a não ser Jesus.

Até mesmo aqueles que achamos "bonzinhos" e gentis, que vemos ajudar tantas pessoas, que pregam, têm cargos na igreja, trabalham em ONG's etc. precisam da graça, misericórdia e perdão de Deus. Não existe quem faça o bem por si mesmo ou que seja bom o suficiente sozinho. E isso não sou eu quem afirmo, mas, sim, a Bíblia:

> Não há nenhum justo sobre a terra que faça o bem e que não peque. (Eclesiastes 7.20 – NAA)

Além disso, a Palavra nos diz que todos pecaram e foram destituídos da glória de Deus (cf. Romanos 3.23). Dito isso, se tivéssemos mais consciência do quanto precisamos desesperadamente do Senhor, não perderíamos tanto tempo caindo no engano de que a perfeição é uma meta possível. É por isso que muitos perdem a paz, a fé e a esperança ao longo da vida, porque é frustrante demais nos depararmos com nossa condição imperfeita e frágil. O mundo nos diz que o sucesso tem a ver com isso ou aquilo, e quando não cumprimos essa expectativa, não somos importantes ou bem-sucedidos.

Entretanto, acho curiosa a forma como a Escritura nos compara a vasos de barro, que podem ser quebrados com uma simples queda, ao mesmo tempo em que podem conter um tesouro de valor inestimável. Para mim, isso significa que Cristo nunca nos impôs um nível de perfeição inalcançável. Ele não espera que, a partir do momento em que nos convertemos, nunca mais erremos, mas que sejamos humildes para nos arrependermos constantemente, e que deixemos, de uma vez por todas, nossa vida de pecado.

Porém, o nosso problema é que estamos sempre buscando a aprovação dos homens, enquanto a de Deus, que é a única que deveríamos procurar, ignoramos. Acontece que a glória humana exige o que ninguém nunca poderá dar: perfeição. Por outro lado,

Deus requer de nós sinceridade e um coração ensinável. Por isso, a aprovação dos homens machuca, corrói e desenvolve marcas profundas na alma, afinal, tentar, falhar e nunca chegar à perfeição não é algo instigante para a autoestima de ninguém. Mas apesar da nossa natureza má, Deus nos aceita em Sua família e escolhe nos tornar participantes daquilo que Ele está fazendo pelo mundo, e é nesse processo, quando caminhamos verdadeiramente com Ele, que somos transformados em nossas fraquezas. Passamos a ser mais humildes, empáticos, amar o nosso próximo de verdade, dar a outra face – ainda que isso nos custe muito –, e entender que, embora tenhamos qualidades, não somos melhores do que ninguém. É por isso que a Bíblia nos revela a necessidade de nos apoiarmos em Deus:

> E disse-me: A minha graça te basta, porque o meu poder se aperfeiçoa na fraqueza. De boa vontade, pois, me gloriarei nas minhas fraquezas, para que em mim habite o poder de Cristo. Por isso sinto prazer nas fraquezas, nas injúrias, nas necessidades, nas perseguições, nas angústias por amor de Cristo. **Porque quando estou fraco então sou forte.** (2 Coríntios 12.9-10 – grifo do autor)

Como descrito por Paulo nesse trecho de 2 Coríntios, as fraquezas não definem quem somos, mas nos dão oportunidades constantes de nos aproximarmos ainda mais de Jesus. Somente Ele e o Espírito Santo podem transformar nossas fraquezas em força. Apenas em Deus podemos conquistar um caráter irrepreensível, que em nada se parece com a perfeição. É o poder de Deus em nós que nos aperfeiçoa e transforma, e não nossa força de vontade e boa intenção. É claro que, se não nos mexermos, nada acontecerá, mas somente a obra da cruz e o trabalho do Espírito Santo em nós é capaz de nos transformar de dentro para fora.

Ah, se não fossem as misericórdias do Senhor; nós seríamos consumidos! Fato é que não somos bons. Não conseguimos sem Ele, e é por isso que temos de buscá--lO dia e noite, todos os dias; sempre, sem parar.

Certamente, não é pelo que fazemos, mas pelo que Ele já fez. É a cruz, não as nossas habilidades ou falta delas. Ao entender isso, arranquei um peso tão grande das minhas costas! Por muitos anos, convivi com pessoas que pareciam dizer a todo momento: "Eu sou mais santo, eu tenho mais habilidades do que você, eu leio mais a Bíblia"; "Ah, você sabe... Eu praticamente não erro. Ainda mais agora que jejuo quatro vezes na semana". Lembro que algumas chegavam à igreja e se comportavam como se estivessem em "outro nível de espiritualidade". Com o tempo, percebi que pouco importa o que os outros estão fazendo ou deixando de fazer, porque quem prestará conta de suas vidas são eles, e não eu. Porém, eu e você prestaremos conta do que fizemos com a nossa própria vida. É em razão disso que não devemos colocar nossos olhos nas pessoas; não devemos esperar elogios dos homens, não temos de nos comparar a eles ou apontar o dedo para julgá-los, porque, no fundo, todos carecemos da graça do Senhor.

Felizmente, Cristo nunca se chocou com os erros das pessoas, mas sempre repreendeu aqueles que queriam se mostrar livres deles. Em outras palavras, eram justamente os que se autointitulavam mais "santos" e faziam de tudo para serem perfeitos que estavam mais distantes de Cristo, que é perfeito.

Sendo assim, Deus não é pego de surpresa por nossas fraquezas e a incapacidade [sem Ele] de ser e cumprir o que Ele espera de nós. Em contrapartida, é necessário humildade e um coração ensinável para entendermos nossa dependência do Senhor, e nosso posicionamento genuíno para mudarmos o curso de nossas vidas uma vez que somos confrontados com a verdade. É fácil criticar hipócritas e apontar o dedo para pessoas soberbas. Difícil é se permitir ser confrontado, escolher mudar e assumir a responsabilidade de, junto com Deus, consertar a sua vida e abandonar pecados antigos. Estamos sempre tão prontos para criticar as falhas e dificuldades das pessoas, e tão cegos e confortáveis para enxergar nossos erros. Fico pasmo como, inclusive, muitos nem sequer conseguem enxergar suas falhas. Estão tão preocupados com os problemas dos outros, que não veem suas próprias hipocrisias.

Todos nós erramos e temos nossas imperfeições. Eu sou pastor, mas há dias em que eu não estou bem, e não sinto vontade de orar. Há vezes em que eu acordo triste, chateado, cansado, não tenho vontade de trabalhar nem ouvir alguém pregar. Todos passamos por isso, porque somos seres humanos. Agora, sabe qual é a graça de tudo isso? Saber que há um Deus sobre mim e você que, a partir do nosso arrependimento e posicionamento, aperfeiçoa-nos por meio do Espírito Santo. Quando nos prostramos, pela Sua misericórdia e graça, somos purificados por inteiro. É por esse motivo que, quanto mais fracos nos sentimos, mais temos espaço para que a graça d'Ele nos faça fortes. Não é sobre o que podemos fazer por nós mesmos, mas o que Ele pode fazer em nós e através de nós.

Isso acontece porque, quando contemplamos e nos expomos à grandeza de Deus, passamos a ser transformados de glória em glória, como diz 2 Coríntios 3.18:

> Mas todos nós, com rosto descoberto, refletindo como um espelho a glória do Senhor, somos transformados de glória em glória na mesma imagem, como pelo Espírito do Senhor.

Porém, antes de sermos transformados por Deus, somos confrontados com a verdade em relação ao que temos de mudar. Isso significa que, antes de corrermos em direção à mudança, precisamos reconhecê-la e assumir que ela necessita acontecer. Por isso, é tão importante nos analisarmos constantemente. O primeiro passo para isso é admitir que não somos super-heróis, e que dependemos sempre do Senhor. Vira e mexe faço esse *check-up* comigo mesmo. Eu sei quais são as minhas dificuldades, minhas incertezas, e o que preciso melhorar. E isso é necessário, pois, mesmo tendo o Espírito Santo em nós e nosso espírito estando saudável, ainda somos feitos de carne e osso e, por essa razão, sempre precisaremos estar engajados no processo de santificação:

> Vigiai e orai, para que não entreis em tentação; na verdade, o espírito está pronto, mas a carne é fraca. (Mateus 26.41)

Na verdade, disso depende a nossa vida. Estarmos atentos o tempo inteiro, vigiando, orando, santificando-nos, entregando a Deus e nos posicionando em relação às nossas condições adversas é a diferença entre o que nos fará cumprir o que Ele tem para nós ou sermos destruídos ao longo da jornada — caindo em tentações e sucumbindo ao pecado. Então, por pior que fosse, em todo o meu tempo de caminhada, não encontrei solução melhor para isso do que colocar minhas fraquezas na luz. Isso significa expô-las sem medo, e deixar de fingir que elas não existem.

Isso significa que, além de confessarmos nossas fragilidades ao Senhor, devemos, também, ter pessoas leais com quem possamos contar em momentos assim. Para tanto, é necessário ter os amigos certos, dispostos a não só escutar sobre suas dificuldades, mas ajudá-lo quando for preciso. Portanto, não abra o seu coração para qualquer pessoa, antes, ore a Deus para que Ele mostre quem deve caminhar contigo. Escolha um círculo de amigos maduros na fé e emocionalmente – que sejam sérios, leais e verdadeiros –, com quem você tenha liberdade para compartilhar suas fraquezas, pedir cobertura e oração, e se exponha. Onde existe luz, o pecado não vai conseguir chegar.

Além do mais, se você tem batalhando com pecados e precisa de ajuda para se proteger, escolha contar para seu cônjuge e filhos. Dê passos práticos e eficientes para trazer luz ao que estava escondido. Assim, mesmo que você queira vacilar, será muito mais difícil, pois sempre haverá alguém observando você e o ajudando a permanecer firme. Se, por exemplo, você tem um problema com a pornografia, experimente contar para sua esposa ou marido. Sempre que pensar em ficar sozinho para fazer algo errado, terá alguém para lhe dizer: "Ei, o que você está fazendo aí?". Ou, se a sua fraqueza é o dinheiro, então, busque aqueles que dirão: "Não fique perto disso" ou "Não mexa com aquilo". Ilumine o que pode jogá-lo nas trevas, demonstre fragilidade, conte a verdade sobre você, de peito aberto. Pois, quanto mais distantes d'Ele e das pessoas que podem nos ajudar, mais distantes estamos da luz; e quanto menos luz, maior a chance de cedermos à escuridão.

O problema de viver no escuro é que é justamente ele que nos cega e impede que enxerguemos nossos pontos fracos. Se pararmos para pensar, a maioria dos dilemas que enfrentamos surge apenas porque não temos uma visão clara do que está à nossa frente. A Bíblia nos dá diversos exemplos de grandes homens de Deus que falharam em suas escolhas por não medirem as consequências de seus atos, abrindo suas defesas na hora errada e sendo tragados pela tempestade. Davi, uma das figuras mais relevantes das Escrituras Sagradas, é conhecido por seus grandes feitos na guerra, mas também por algumas atitudes questionáveis em momentos cruciais:

> E sucedeu, depois de o ano ter expirado, na época em que os reis saíam para a batalha, que Davi enviou Joabe, e com ele os seus servos, e todo o Israel; e eles destruíram os filhos de Amom, e sitiaram Rabá. Davi, porém, se manteve em Jerusalém. E sucedeu, ao cair da noite, que Davi se levantou da sua cama e caminhava sobre o terraço da casa do rei; e do terraço ele viu uma mulher se banhando; e a mulher era mui bonita de se olhar. (2 Samuel 11.1-2 – BKJ)

Davi deveria estar guerreando, como todos os reis faziam, mas, ficando em casa, decidiu agir de acordo com a sua vontade e acabou pagando o preço por isso. A mulher que ele viu era Bate-Seba, esposa de Urias, um de seus homens no exército, que estava na guerra. Sendo rei, Davi mandou trazê-la ao palácio e passou uma noite com ela. Seu pecado o consumiu e, em vez de corrigir as coisas de uma vez, ele decidiu matar Urias, enviando-o à linha de frente da batalha.

Assim como ocorreu com Davi, nós, homens e mulheres, somos tentados por aquilo que os nossos olhos observam. E quando conhecemos nossos pontos fracos, temos muito mais chance de saber exatamente para onde devemos olhar para que o nosso propósito se estabeleça e permaneçamos firmes até o fim.

O erro de Davi, assim como o de muitos de nós, é estarmos no lugar onde Deus não disse para ficarmos ou irmos. Quando o nosso coração se desvia do propósito divino, ele se perde em maldade e egocentrismo. E no instante em que perdemos o propósito, ficamos completamente vulneráveis às distrações. Por isso, não permita que nada o tire do centro da vontade de Deus, pois a dor da queda é terrível. É muito mais fácil cair do que levantar, e nossa história é muito curta para ficarmos presos em ciclos de pecado.

Sendo assim, precisamos estar sempre atentos. Algo que constantemente carrego como um grande alerta a isso é o que minha mãe costumava falar: "Deive, a destruição de um grande homem não começa num grande vacilo, mas num pequeno deslize". Isto é, não aparece de forma escandalosa, logo de cara. Começa pequeno. Vem devagar, aos poucos.

Um grande exemplo disso são erros discretos que culminam em destruições de coisas importantíssimas, como o casamento. Eu sou casado com a mesma mulher desde novo. Eu amo a Paula, e tenho muito temor em dizer isso. Felizmente, nunca tivemos de lidar com adultério em nosso relacionamento, mas conheço centenas de casos, e a história é sempre a mesma. Ninguém trai outra pessoa da noite para o dia, cometendo uma atrocidade dessas do nada. Tudo tem início com um pequeno deslize. Um olhar. Um pensamento mau que não deveria ter sido incentivado. Conversas perigosas no WhatsApp ou Instagram que nunca deveriam ter acontecido. É nessas coisas pequenas, aparentemente inofensivas e "controláveis" que a queda tem seu princípio. Tem gente que pensa que o adultério, por exemplo, começa dentro de um quarto de motel. Mas, não, tudo se inicia com algo bobo e sem importância aparente. E é só disso que Satanás precisa para destruir a nossa história: uma pequena brecha que vai gerar um erro gigante e manchar tudo aquilo que Deus tem feito em nossas vidas.

Eu me lembro de uma vez em que um homem de Deus me disse: "A maior característica de um homem de Deus [e isso serve para todo mundo] é ser irrepreensível". Ser irrepreensível nada mais é do que não terem o que falar de nós. Podem inventar o que quiserem, mas as mentiras não prevalecerão, apenas a nossa história. Isso quer dizer que, quando identificamos e tratamos nossas fraquezas, estamos protegendo o nosso legado.

Por isso, se há uma coisa com a qual eu tenho cuidado é com a minha história. Não podem dizer nada sobre mim. Podem inventar, criar qualquer coisa. Podem falar mal da minha teologia, dizer que eu sou *coach*, que minhas mensagens são massagem de ego, mas nunca poderão dizer que eu desonrei a minha esposa. Jamais terão como afirmar que eu profanei o Deus que sirvo. Não poderão me acusar de ter abandonado o meu propósito. A pergunta é: e de você, o que irão falar amanhã?

Agora, esta é a minha história, mas e amanhã? O que irão falar sobre mim? O que eu fizer hoje, as decisões que eu tomar podem ou não destruir tudo aquilo que vivi até aqui. E você, qual será a história que seus filhos vão contar a seu respeito? O que escreverão na sua lápide? Quais serão as memórias que os outros terão sobre a sua vida? O que seus amigos falarão? O que a sua esposa ou marido dirá na sua partida? Será que os seus feitos terão relevância real para os que o cercam ou até mesmo para o mundo? Se o seu propósito for viver a vontade de Deus, poderão inventar qualquer coisa, mas o próprio Senhor – e aquilo que foi construído com Ele – defenderá você.

Prova disso são as muitas histórias que não são bonitas no começo, mas são lindas no final. É muito melhor terminar bem do que apenas ter uma boa largada. Você não será lembrado pelos seus primeiros feitos, mas pelas suas últimas realizações. Agora, a questão é, no início de tudo, somos muito mais focados e disciplinados do que do meio para o final, porque, desse ponto em diante, temos a falsa sensação de que tudo já deu certo, que já aconteceu. Já vi muitas pessoas com um futuro brilhante e, quando tudo estava dando certo, acabaram colocando tudo a perder. Estavam caminhando na direção correta e, de repente, os olhos se distraíram, perderam a razão, o objetivo, porque em vez de estarem olhando para o Alvo, preferiram focar justamente naquilo que os destruiria, para o ponto fraco.

Exatamente em razão disso, a Bíblia é um livro que nos mostra os acertos, mas não nos oculta dos erros dos seus personagens — com exceção de Jesus, que nunca errou. Não importa quem seja, Paulo, Pedro, Sara, Raquel, Jacó, Ester ou qualquer outro, sempre veremos suas virtudes e falhas. Porém, apesar de tropeçarem ao longo da caminhada de suas vidas, a maioria deles terminou bem. Veja que as Escrituras contam a história de um traidor, como Pedro, por exemplo. Ou de um adúltero, como Davi. Até mesmo de homicidas, como Moisés. Isso me faz amar ainda mais a Palavra de Deus, porque ela não esconde quem esses homens realmente eram. E o fim de suas trajetórias prova o quanto a fé deles era verdadeira.

Digo isso porque, talvez, depois de ler sobre os pontos de fragilidade, a necessidade de corrigi-los e viver segundo a vontade de Deus, você esteja em desespero, achando que não há saída para a sua situação atual. Entretanto, a Bíblia diz que Davi, da mesma forma que caiu, levantou-se (2 Samuel 12). Assim também, a maior diferença de postura que podemos ter, depois da distração, é como absorvemos a responsabilidade por aquilo que cometemos. Quando Davi teve consciência de tudo o que fez, dobrou os joelhos diante de todo o povo, colocou roupa de saco, jogou cinzas sobre a cabeça e reconheceu: "[...] pequei gravemente com a minha atitude. Agora, pois, eu te imploro que perdoes o pecado do teu servo, porquanto cometi uma grande loucura!" (1 Crônicas 21.8 – KJA). Ou seja, se você caiu, reconheça, pois há misericórdia de Deus para você também.

Seguramente, há perdão do Senhor para você, há uma chance para a sua história, mas, antes do perdão ser liberado, você deve reconhecer a queda. Confessar o erro e se arrepender. Quando fizer isso, levante de novo e sacuda a poeira, porque ainda existe um longo caminho para ser percorrido, e novas tempestades surgirão para testar seu aprendizado. Se cair novamente, as Escrituras nos garantem que o Senhor é poderoso para nos levantar (cf. Salmos 37.24). Por outro lado, se você está de pé, cuide para que não caia (cf. 1 Coríntios 10.12). Não se distraia, fixe os olhos no Alvo.

Por fim, encerro este capítulo lhe dando uma dica: escolha cinco amigos mais sérios, sábios e maduros na fé do que você, conte para eles a respeito dos seus medos e de tudo aquilo que pode tirá-lo da presença de Jesus. Peça ajuda. Eles orarão por você em seus instantes de fraqueza e estenderão a mão caso você caia. Ainda por cima, estarão vigiando e ajudando você em todo o tempo.

Eu sei onde posso falhar, e você também sabe. Logo, não se permita distrair com aquilo que é capaz de roubar de você o que Deus fez e está fazendo na sua história, tampouco vacilar exatamente naquele ponto do qual o Senhor tem guardado o seu coração. Eva, no jardim do Éden, não começou com uma fruta na mão, mas olhando e cobiçando o fruto proibido. A Bíblia nos revela que Satanás se fez serpente e questionou a ordenança do Senhor para não comer os frutos da árvore do meio do jardim. E foi quando Eva escolheu dar ouvidos e mirar no que era proibido, quando ela focou justamente naquilo que não deveria nem chegar perto, é que a queda do ser humano teve espaço (cf. Gênesis 3).

Esse, então, foi o legado da desobediência. No entanto, o redentor dos nossos pecados, Jesus, assumiu a forma humana e reestabeleceu o nosso relacionamento com o Pai, mostrando-nos mais uma vez o poder da obediência e do foco.

Cristo desceu à Terra, morreu por todos nós, ressuscitou e ascendeu aos Céus para nos preparar um lugar. A respeito d'Ele, é possível falar qualquer coisa, especular, inventar, mas a Sua história permanece. Ele é perfeito! E a Bíblia nos instrui a, assim como Ele, sempre buscarmos ser irrepreensíveis também. Se Jesus é santo, precisamos ter uma vida de santidade. Se Ele venceu, podemos ter bom ânimo, porque, em Seu nome, nós venceremos também.

Capítulo 5

DEFINA O SEU ALICERCE

"Eu sou o caminho, e a verdade e a vida; ninguém vem ao Pai, senão por mim". Essas foram as palavras de Jesus em João 14.6b. Ele, não por acaso, escolheu dizer que era, e continua sendo, o único caminho possível para chegarmos até Deus. Não um dos caminhos, "o caminho", o que significa que não existe outro.

Ainda assim, o estranho é que, às vezes, parece-me que muitas pessoas que se dizem seguidoras de Cristo ainda não têm certeza do que creem. Digo isso porque, quando questionadas a respeito, respondem: "Olha, eu creio em Jesus. Mas também acredito na mãe-natureza, em gnomos, na astrologia..."; como se não fosse suficiente crer em Cristo ou como se tivessem medo de, talvez, estarem fazendo a escolha errada ao segui-lO. O que quero dizer é que, por algum motivo, a maioria dessas pessoas acaba indo atrás de substitutos e, aos poucos, passam a preencher um lugar que deveria ser só de Deus.

Por mais que algumas delas reconheçam a importância do Evangelho e a mensagem pregada por Cristo, a questão é que não perdem a oportunidade de arriscar em outras fontes, sejam quais forem. Exemplo disso é alguém que acredita em signos; o famoso "crente de Áries". Às vezes, quando vou pregar em algumas cidades, tenho a chance de conversar com as pessoas e sempre aparece alguém querendo saber o meu signo. É claro que não destrato ninguém que chega até mim com perguntas ou comentários assim, mas, no fundo, fico um pouco chateado, porque isso prova que essa pessoa ainda não conheceu Jesus profundamente, a ponto de saber que apenas Deus define quem somos e está no controle de tudo o que acontece conosco. Eu sei que parece algo duro, e de fato é, mas devemos permitir que a verdade faça o seu trabalho, ainda que doa; porque, se isso acontecer, o resultado só pode ser um: a liberdade (cf. João 8.32).

Ao dizer tudo isso, meu intuito não é ferir ou estabelecer uma lista de regras sobre o que você pode ou não fazer, afinal, você tem o direito de acreditar e praticar o que quiser. Essa é a beleza do livre-arbítrio. Porém, quando passamos a andar com Jesus, nossa postura não se trata mais de obrigações ou pré-requisitos para pertencer a um grupo específico, mas do que realmente precisamos ou não em nossa vida. Caminhar com Cristo nunca foi a respeito de um jeito característico de falar, vestir-se ou se comportar — muito embora o que é externo também revele muito sobre o que professamos. E era exatamente nisso que Cristo repreendia os fariseus, porque eles eram tão rígidos em seguir a Lei no que dizia respeito a cuidar dos rituais e das aparências; contudo, por dentro, onde ninguém via, estavam cheios de cobiça, falsidade, avareza, perversidade e imundície:

> Ai de vós, doutores da Lei e fariseus, hipócritas! Porque dais o dízimo da hortelã, do endro e do cominho, mas tendes descuidado dos preceitos mais importantes da Lei: a justiça, a misericórdia e a fé. Deveis, sim, praticar estes preceitos, sem omitir aqueles! Líderes insensíveis! Pois coais o pequeno mosquito, mas engolis um camelo! Ai de vós, doutores da Lei e fariseus, hipócritas! Porque limpais o exterior do copo e do prato, mas por dentro, estes estão repletos de avareza e cobiça. Fariseu que não enxerga! Limpa, antes de tudo, o interior do copo e do prato, para que da mesma forma, o exterior fique limpo! Ai de vós, doutores da Lei e fariseus, hipócritas! Porque sois parecidos aos túmulos caiados: com bela aparência por fora, mas por dentro estão cheios de ossos de mortos e toda espécie de imundície! Assim também sois vós: exteriormente pareceis justos ao povo, mas vosso interior está repleto de falsidade e perversidade. (Mateus 23.23-27 – KJA)

A maneira como Jesus adverte os doutores da Lei mostra que Sua preocupação não é sobre o que aparentamos ser, mas, sim, o que verdadeiramente somos. Não é sobre a obrigação de fazer algo que foi previamente estabelecido, mas a respeito de como o nosso coração está diante do que nos cerca.

Entretanto, o que eu acho curioso é que, apesar de repreender a hipocrisia dos fariseus, Jesus nunca lhes disse que estavam errados por seguirem a Lei. Não só isso, mas o Mestre também afirmou:

> [...] **Se alguém quer vir após mim**, negue-se a si mesmo, e tome cada dia a sua cruz, e siga-me. (Lucas 9.23 – grifo do autor)

No início deste versículo, a partícula "se" denota uma condição. Isso quer dizer que caminhar com Jesus, como comentei, não é uma obrigação, mas uma escolha. Em seguida, o mesmo versículo nos revela que existe uma contrapartida para os que decidirem segui-lO: negar a si mesmo e tomar a própria cruz. O problema é que muitos se esquecem dessa parte, e acham que ser um discípulo de Cristo se resume a aceitá-lO como Salvador, e aparecer uma vez por mês na igreja, mas não é. Nesse sentido, você pode decidir qual será o alicerce da sua vida, e até se vai querer ter um ou não. Contudo, colocar Cristo como centro não permite outras opções. É tudo ou nada. Ele não divide Seu lugar em nosso coração com algo ou alguém. Por isso, precisamos escolher.

Acontece que Jesus não é como qualquer pessoa ou coisa. Ele não precisa de uma "ajudinha" para nos completar, porque é suficiente. Quando O temos, não necessitamos de mais nada.

E é justamente isso que não está claro o suficiente no Evangelho para algumas pessoas. Às vezes, escuto comentários como: "Ai, pastor, mas eu preciso dar uma olhadinha no meu horóscopo para saber como vai ser o meu dia hoje"; "Se fulano(a) me deixar, eu acho que morro"; "Enquanto eu não tiver X reais na minha conta bancária, não serei feliz e realizado"; "Se eu não me casar, nem sei o que será da minha vida."; e muitos outros. É possível estabelecer qualquer coisa como base de nossas vidas e crer que isso é o que fará a diferença no final das contas. Dinheiro, pessoas, religiões, signos, ideologias, casamento ou qualquer outro tipo de relacionamento, suas próprias capacidades e talentos, e a lista não para. No entanto, quando confiamos apenas em Jesus e entendemos verdadeiramente quem Ele é e o que é capaz de fazer em nós e através de nós, esse tipo de coisa acaba perdendo a importância. Quem tem Jesus não precisa de mais nada. Simples assim.

Agora, fica difícil chegarmos a essa conclusão se não O conhecemos de verdade. E isso acontece muito porque acabamos misturando as coisas. Confundimos Cristo com pastores, amigos, com celebridades cristãs, com a igreja X ou Y, e, por isso, pensamos que Ele Se parece, age e Se comporta como algo que já nos é familiar.

Mas se Ele é uma pessoa, por que supomos tanto em vez de perguntar? Por que temos tanta resistência em descobrir por nós mesmos quem Ele é de fato? Não acho que faria sentido embasarmos nossa vida no que ou em quem não conhecemos, e acredito que seja esse o motivo de tantos colocarem Jesus como seu alicerce e, depois de um tempo, desistirem e irem atrás de outras coisas.

Por outro lado, é bem fácil para mim afirmar que Jesus é suficiente, pois não fui convencido disso por alguém. Essa não foi uma frase de efeito que eu ouvi ou achei que talvez fizesse sentido, e aceitei porque soava legal. Não foi porque disseram isso na escola dominical. Ele é suficiente para mim, pois eu mesmo experimento dessa verdade diariamente. Todos os dias, eu me encontro com Cristo, e conhecê-lO é o que me faz saber que eu não preciso de mais nada. Ter um relacionamento constante e consistente com Deus me faz ter a certeza de que colocá-lO como meu alicerce de vida é a única maneira de viver plenamente.

Assim, quanto mais nos relacionamos com Ele e O conhecemos de forma profunda, mais somos plenos n'Ele, descobrimos quem nós somos e para o que fomos feitos. Mas isso é algo que eu não sou capaz de convencer você. Essa revelação precisa ser verdade em seu coração, da mesma maneira que talvez já seja em sua mente. Entretanto, ela só vem por meio do relacionamento com Deus — leitura diária da Palavra, oração constante, jejuns, momento de adoração e por aí vai.

Lembro-me de uma vez estar conversando com uma pessoa, quando ela começou a me contar sobre várias situações que havia passado e como já havia buscado de tudo para alicerçar sua vida. No final, porém, ela olhou para mim e disse: "Deive, eu vou falar uma coisa: estou descobrindo que, depois que conheci Jesus, não preciso de mais nada. Eu não preciso acreditar em um monte de coisas, porque Ele basta para mim". Na hora, eu sorri e pensei: "Ela entendeu!".

Talvez você esteja lendo estas palavras e se perguntando se isso é possível de verdade. Se essa suficiência é real ou se não precisamos acreditar em mais um monte de coisas, visto que o que sempre escutamos é que "todos os caminhos levam a Deus". Essa, no entanto, é a maior besteira que já ouvi. Todos os caminhos não levam a lugar nenhum. Aliás, sempre que penso nisso, lembro-me do trecho do livro de *Alice no país das maravilhas*, quando ela tem uma conversa com o Gato:

> — Poderia me dizer, por favor, que caminho devo tomar para ir embora daqui?
> — Depende bastante de para onde quer ir — respondeu o Gato.
> — Não me importa muito para onde — disse Alice.
> — Então não importa que caminho tome — disse o Gato.[1]

---

[1] CARROLL, Lewis. **Alice – edição comentada e ilustrada**: aventuras de Alice no País das Maravilhas & através do espelho e o que Alice encontrou por lá. Tradução: Maria Luiza X. de A. Borges. São Paulo: Companhia das Letras, Selo Clássicos Zahar, 2013.

Dessa forma, pouco importa o caminho para quem não sabe para onde quer ir. Podem até existir muitos deles por aí, mas, definitivamente, não são todos que levam a Deus e ao destino que Ele tem para nós. Só existe um único caminho que nos leva até Deus, e ele tem nome: Jesus.

Em João 4, há uma história que eu amo e que também ilustra exatamente isso:

> Chegou, pois, a uma cidade samaritana, chamada Sicar, perto das terras que Jacó dera a seu filho José. Estava ali a fonte de Jacó. Cansado da viagem, assentara-se Jesus junto à fonte, por volta da hora sexta. Nisto, veio uma mulher samaritana tirar água. Disse-lhe Jesus: Dá-me de beber. Pois seus discípulos tinham ido à cidade para comprar alimentos. Então, lhe disse a mulher samaritana: Como, sendo tu judeu, pedes de beber a mim, que sou mulher samaritana (porque os judeus não se dão com os samaritanos)? Replicou-lhe Jesus: Se conheceras o dom de Deus e quem é o que te pede: dá-me de beber, tu lhe pedirias, e ele te daria água viva. Respondeu-lhe ela: Senhor, tu não tens com que a tirar, e o poço é fundo; onde, pois, tens a água viva? És tu, porventura, maior do que Jacó, o nosso pai, que nos deu o poço, do qual ele mesmo bebeu, e, bem assim, seus filhos, e seu gado? Afirmou-lhe Jesus: Quem beber desta água tornará a ter sede; aquele, porém, que beber da água que eu lhe der nunca mais terá sede; pelo contrário, a água que eu lhe der será nele uma fonte a jorrar para a vida eterna. Disse-lhe a mulher: Senhor, dá-me dessa água para que eu não mais

tenha sede, nem precise vir aqui buscá-la. [...] Nossos pais adoravam neste monte; vós, entretanto, dizeis que em Jerusalém é o lugar onde se deve adorar. Disse-lhe Jesus: Mulher, podes crer-me que a hora vem, quando nem neste monte, nem em Jerusalém adorareis o Pai. Vós adorais o que não conheceis; nós adoramos o que conhecemos, porque a salvação vem dos judeus. Mas vem a hora e já chegou, em que os verdadeiros adoradores adorarão o Pai em espírito e em verdade; porque são estes que o Pai procura para seus adoradores. Deus é espírito; e importa que os seus adoradores o adorem em espírito e em verdade. Eu sei, respondeu a mulher, que há de vir o Messias, chamado Cristo; quando ele vier, nos anunciará todas as coisas. Disse-lhe Jesus: Eu o sou, eu que falo contigo [...] **Muitos samaritanos daquela cidade creram nele, em virtude do testemunho da mulher, que anunciara: Ele me disse tudo quanto tenho feito. Vindo, pois, os samaritanos ter com Jesus, pediam-lhe que permanecesse com eles; e ficou ali dois dias. Muitos outros creram nele, por causa da sua palavra, e diziam à mulher: Já agora não é pelo que disseste que nós cremos; mas porque nós mesmos temos ouvido e sabemos que este é verdadeiramente o Salvador do mundo.** (João 4.5-42 – ARA – grifo do autor)

Jesus era mesmo extraordinário. Toda vez que leio essa passagem, fico um tempão imaginando essa conversa que Ele teve com a mulher samaritana. Quão precioso, forte e transformador foi para aquela mulher ter a chance de conhecer Jesus naquele momento! "Se você beber desta água, voltará a ter sede. Porém, existe uma Água que tem o poder de saciá-la para sempre".[2] O que Ele estava dizendo com isso é que você pode acreditar em tudo. A vida é sua, e a escolha também. Mas saiba que, logo, logo, você sentirá sede novamente. Você pode dividir a sua fé com tudo o que pensar e quiser, mas, quando menos imaginar, estará sedento, e perceberá que não é suficiente. É possível, sim, acreditar e escolher construir sua vida baseada em um milhão de coisas, mas, ainda assim, nenhuma delas trará plena satisfação.

Costumo imaginá-lo explicando essa verdade para a mulher samaritana, fazendo-a entender o quanto Ele é suficiente para tudo em sua vida: "Minha linda, agora, deixe-me falar! Se você beber da água que Eu lhe der, nunca mais terá sede".[3] Isto é, quem tem Jesus, não tem falta de nada. É o que Salmos 23.1 afirma: "O Senhor é o meu pastor, **nada** me faltará" (grifo do autor). Quem tem Jesus encontra contentamento, vida plena, paz, alegria, justiça e tudo de melhor que possa existir. Tudo isso está disponível para os que O amam, obedecem e seguem verdadeiramente. É certo que isso não significa falta de problemas, lutas, provações, medos e tempestades em nossas vidas, mas, apesar das aflições, temos esperança para crer no que vem após o caos.

Ainda assim, mesmo sabendo que Jesus é absolutamente tudo o que precisamos, temos uma dificuldade em abraçar isso com todas as nossas forças – como a mulher

---

[2] Paráfrase dos versículos 13 e 14 de João 4.
[3] Paráfrase dos versículos 13 e 14 de João 4.

samaritana fez. Muitas vezes, desfrutamos de uma vida com Ele, pedindo ajuda quando estamos necessitados, ou até mesmo vivemos experiências emocionantes em um culto ou outro. No entanto, nem sempre nos posicionamos de forma que revele que Cristo é o nosso único Senhor e tem controle sobre toda a nossa vida.

É evidente que a nossa geração parece ter muita dificuldade em expor sua opinião e defender aquilo que crê. Até sabemos e queremos dizer o que pensamos sobre a maioria dos temas, mas quando temos de nos posicionar em relação a algo contrário à Bíblia, ao nosso amor a Jesus ou evangelizar alguém, preferimos ignorar essa parte de nossas vidas e apenas ficar em silêncio. A questão é que quem não se posiciona se torna refém do acaso e, por isso, é sempre jogado de um lado para o outro. Para pessoas assim, qualquer opinião serve, qualquer ideia é boa, até porque ter posicionamento gera inimigos, e muitos de nós não estão dispostos a criar inimizades ou romper com certos ambientes e hábitos. Para isso, Jesus nos alerta:

> Se fôsseis do mundo, o mundo amaria o que era seu, mas, porque não sois do mundo, antes eu vos escolhi do mundo, por isso é que o mundo vos odeia. (João 15.19)

Desse modo, a nossa fidelidade não é tão provada quando tudo está bem, e, sim, em meio às crises, quando corremos o risco de sermos excluídos, ignorados, abandonados. Portanto, se você deseja manter as aparências, siga as tendências, continue sem se posicionar, e permaneça fazendo o que sempre fez. Porém, se o seu desejo é enraizar-se em Deus, todos os seus pensamentos e ações devem combinar com Sua Palavra até o final. Não garanto que será fácil, mas se há um Senhor no Céu, que é perfeito, onipotente, e sabe exatamente aquilo que precisamos, podemos confiar em Sua capacidade soberana para nos guiar.

Aliás, talvez o motivo de tantos atrasos em nossas vidas seja simplesmente porque afirmamos querer a voz de Deus, quando, na realidade, o que desejamos é que ela seja um reflexo das nossas vontades. No fundo, o que mais queríamos é que Ele concordasse conosco em todos os assuntos ou que nos desse um aval para todos os nossos projetos e desejos.

É surpreendente como tantas pessoas acreditam e agem como se Deus "servisse para isso". Tanto é que, quando as coisas estão dando certo, elas agem como se isso fosse um sinal de que o que estão fazendo é a vontade do Senhor. Assim, muitos acabam realizando seus próprios desejos e pensam estar recebendo a aprovação d'Ele pelo simples fato de não perceberem um obstáculo claro se opondo. E é principalmente nesse ponto que muitas pessoas acabam escolhendo errado por não consultarem a Jesus, e mais, por não desenvolverem um relacionamento para entender o que Ele deseja para nós.

Em minha vida pessoal, todas as vezes que decidi por mim mesmo, o resultado não foi nada do que estava esperando. Sempre que tentei sozinho, sem uma palavra ou direcionamento de Deus, o atraso e desgaste gerado foi muito grande. Por outro lado, todas as vezes que deixei a minha opinião de lado e permiti que Ele decidisse por mim, tudo aconteceu perfeitamente.

Não faz muito tempo, eu e minha esposa estávamos planejando uma mudança de casa. Não por conta do tamanho ou falta de conforto, mas porque tínhamos algumas dificuldades quanto à distância do aeroporto, já que eu viajo muito, e queria garantir um pouco mais de segurança à nossa família, pois sempre que estou em alguma agenda, deixo minha esposa e filhos sozinhos. Então, a ida para um apartamento ou um condomínio fechado diminuiria um pouco a minha preocupação.

Depois de algum tempo procurando em vários lugares, eu e ela encontramos uma casa linda. Antes mesmo de entrar, quando olhei a fachada, lembro-me de pensar: "Não sei se vou morar aqui, mas ela é muito bonita". Sendo bem sincero, era a casa dos sonhos para muitas pessoas, além de perfeita para a nossa realidade. Porém, mesmo com tanto vislumbre, não podia cometer os mesmos erros do passado: eu precisava da aprovação do Senhor para tomar qualquer decisão. Lá fora, pouco antes de entrarmos, eu e minha esposa demos as mãos e oramos, pedindo que Ele estivesse à frente de tudo: "Jesus, nós encontramos este lugar, mas o Senhor é o dono da nossa vida e da nossa história. Não queremos morar onde os nossos olhos brilham, mas, sim, onde Tu desejares, porque, independentemente de qualquer coisa, esse será o melhor lugar". Também liguei para minha mãe e para uma intercessora do Rio de Janeiro e pedi que elas estivessem em oração junto conosco.

Em questão de minutos, todos nós entendemos qual era a vontade do Senhor naquele momento: aquela não seria a nossa nova casa. E, honestamente, não era a resposta que eu estava esperando. Na verdade, o que eu gostaria de ouvir era algo do tipo: "Meu filho, eis a tua casa. Foi feita para ti. Aliás, está aqui o valor da entrada. Você vai conseguir pagar". Mas não foi assim. Aparentemente, estava tudo certo: as negociações com a corretora já estavam adiantadas, o tamanho, o bairro, o preço, tudo estava totalmente de acordo, e já tínhamos até um projeto de reforma em mente, mas a resposta d'Ele foi não. Acontece que essa tinha sido a minha condição. Eu não assinaria nenhum documento enquanto não tivesse uma resposta clara de Deus.

No momento em que eu e minha esposa entramos na casa, toda a empolgação desapareceu e a paz do meu coração sumiu. Nós estávamos em sintonia, então ficou bem claro qual era a vontade de Deus. Por mais que doesse, ainda mais sabendo que, logo, nosso segundo bebê chegaria, preferimos continuar vivendo debaixo da aprovação do Senhor a tomar alguma atitude precipitada e ser privados das bênçãos que Ele havia reservado para nós.

É possível morar numa mansão e ter um coração que mendiga felicidade, como também é possível morar numa quitinete tendo um coração alegre e grato. Por isso, a sensação de ter Jesus como a base de tudo e Aquele que direciona todos os nossos passos, seja nas decisões mais simples, não pode ser comprada em lugar nenhum.

Infelizmente, não é sempre que conseguimos dar passos de confiança e fé assim, e acabamos paralisando a obra que o Senhor desejava realizar. Ou pior, encaramos o Evangelho como algo superficial, que nos emociona apenas no momento, mas que não é cultivado em nosso coração.

Há alguns meses, eu entrei numa crise existencial ao ver os *stories* de uma pessoa que me segue nas redes sociais. Num dia, ela repostou vários vídeos meus e incentivava todo mundo que procurasse por mais, pois aquelas eram palavras muitos importantes. Entretanto, no dia seguinte, quando fui verificar novamente as postagens dela, encontrei outra realidade: uma pessoa muito embriagada, visivelmente alterada, falando bobagens e quase irreconhecível, em todos os sentidos. Aquilo me machucou profundamente e até me chocou, tamanha era a diferença num período tão curto. Confesso que me cobrei durante o dia inteiro, pensando que, talvez, a culpa por aquela situação fosse minha: "Jesus, será que eu não estou pregando a Tua Palavra corretamente?".

Depois de alguns instantes de autopunição, voltei à realidade e comecei a analisar como aquela era a vida de muitos que me ouviam. No fim das contas, percebi que eu não sou o rio, mas apenas uma das vozes que convida outros a mergulhar. Aliás, qualquer pregador que tenha Jesus como centro de sua mensagem confirmará que nada se compara a tê-lO como alicerce, que Ele é maravilhoso, que apenas Ele pode nos completar e que viver ao Seu lado é a única coisa capaz de nos satisfazer de verdade. No entanto, a escolha de pular de cabeça e viver o Evangelho na prática é totalmente individual.

Tanto é que, no livro do profeta Ezequiel, tantos anos antes da vinda do Messias, Deus já nos mostrava a diferença entre desfrutar daquilo que é superficial e do que existe quando nos aprofundamos em intimidade com Ele:

> E quando o homem que tinha um cordel em sua mão saiu em direção ao leste, ele mediu mil côvados, e me levou através das águas; as águas estavam pelos tornozelos. Novamente, ele mediu mil, e levou através das águas; as águas estavam pelos joelhos. Novamente, ele mediu mil, e me trouxe através; as águas estavam pelos lombos. Em seguida, ele mediu mil, e este era um rio pelo qual eu não conseguia passar, porque as águas eram profundas, águas para se nadar, um rio pelo qual não se podia passar. (Ezequiel 47.3-5 – BKJ)

Nesse texto, fica claro que existem níveis diferentes em relação ao conhecimento de Deus, mas que só estão disponíveis a quem decide sair do raso. Assim como há pessoas que apenas molham seus pés no oceano à sua frente, mas não têm a coragem necessária para abandonar aquilo que as prende e nadar em direção ao fundo, existem aqueles que num dia são tocados pelo Evangelho e no outro estão perdidos no pecado. Eles dizem que vídeos como os meus os motivam, trazem uma paz incrível, mas, como tudo que não cria raízes morre, é passageiro.

Agora, existem também aqueles que molham os tornozelos e percebem como aquela é a melhor sensação que já tiveram na vida. Por isso, continuam perseguindo a Voz que as atraiu para aquele lugar. O pensamento deles é apenas um: "Uau, se molhando só o tornozelo já é bom desse jeito, imagine quando eu for mais fundo?! Imagine quando eu renunciar a algumas coisas e me entregar por completo?! Quando tudo isso não for apenas mais uma filosofia na minha vida, mas a minha realidade?!". Pouco a pouco, um passo de cada vez e, de repente, as águas estão nos joelhos, na cintura, nos ombros e logo elas os submergem, levando-os a um novo senso de propósito e destino.

A partir daí, nossa natureza começa a passar por uma transformação profunda, e o retorno já não é mais uma opção. Quando damos liberdade e espaço para que Jesus seja nosso firmamento, não existe recuo ou paralisação, apenas avanço. Exemplo disso é um episódio da vida do apóstolo Pedro, que nos mostra como esse é um assunto mais sério do que aparenta:

> Disse-lhes Simão Pedro: Eu vou pescar. Disseram-lhe eles: Nós também vamos contigo. Eles saíram, e imediatamente entraram no barco, e naquela noite não pegaram nada. (João 21.3 – BKJ)

Nessa passagem, Pedro já era um pescador de homens, ou seja, ele já tinha sido impactado pela mensagem de Cristo e marcado para sempre por Ele. No entanto, por tê-lO negado minutos antes de Sua morte e ter sido consumido pela culpa, mesmo com uma missão tão importante dada pelo próprio Jesus, o discípulo decidiu voltar para sua antiga profissão: pescador de peixes. Ele havia se esquecido da graça de Deus e pensado que tudo estava perdido. Em vez de buscar perdão e lembrar-se das palavras de amor do seu Mestre, ele decidiu recuar e voltar para o lugar de onde Jesus o havia tirado.

Mas o interessante é que o primeiro encontro entre os dois tinha ocorrido justamente numa situação muito similar a desses versículos, quando Jesus chamou Pedro juntamente com seu irmão, André, para segui-lO. Naquela ocasião, a pesca de Pedro já estava dando sinais de que estava falhando. Ainda assim, ao trair o Mestre e se sentir culpado pelo erro, ele pensou que a solução dos seus problemas seria esquecer tudo o que ambos tinham vivido e construído juntos, e retornar às mesmas redes, o mesmo barco e o mesmo mar que ele havia deixado para trás.

Entretanto, pela segunda vez, Jesus apareceu, resolveu a situação, e Pedro foi encontrado novamente pela misericórdia e graça de Deus. Na realidade, para Cristo, nada havia mudado na relação dos dois, mas o medo de encarar os erros e voltar a nadar em direção ao fundo paralisou o apóstolo. Da mesma forma, por mais que teimemos em dizer que o processo em nossas vidas acabou, que não há mais solução, que o Senhor nos esqueceu, que nosso pecado não tem perdão, chega um ponto em que é tarde para recuar.

Basta olharmos para nossas vidas e pensarmos rapidamente em tudo o que já vivemos com Deus para percebermos que não somos mais as mesmas pessoas de antes. Ainda que nem O conheçamos profundamente, ainda que tenhamos tido apenas um encontro, não saímos iguais de Sua Presença.

Digo isso por experiência própria. Sou completamente diferente de quem eu era antes de Jesus chegar em minha vida. Tudo mudou. E tudo continua mudando aqui dentro. Quando nós nos encontramos com Cristo, Ele limpa e arranca tudo o que não faz sentido, para, em seguida, nos reconstruir. O que muitas vezes atrapalha a nossa compreensão sobre isso são os ruídos em nossa comunicação com Deus, impedindo que prossigamos na direção que Ele nos apontou.

Certa vez, um pastor dos Estados Unidos, que só falava inglês, foi à minha casa após um culto. Na época, eu ainda morava com meus pais – e é aí que a situação começa a ficar engraçada, pois minha mãe não fala uma palavra em inglês. Ele chegou, tomou um café, e depois minha mãe perguntou: "Oi, pastor! O senhor quer mais café?". Vendo aquela situação, pensei dentro de mim: "Será que traduzo? Não, vamos ver a 'treta' acontecer". Minha mãe saiu e, quando voltou, perguntou novamente, só que mais alto: "Pastor, o senhor quer mais café?!". Na cabeça dela, falar português gritando talvez fizesse o pastor compreender. Após a falta de resposta acompanhada de um tímido sorriso, minha mãe finalmente gritou com o homem, que, assustado, olhou para mim querendo entender o que estava acontecendo. Foi nesse dia que entendi mais claramente que, se o código, ou seja, o idioma, não for o mesmo, não adianta improvisar, ninguém vai entender nada.

Da mesma forma, Deus também tem uma "linguagem", de Gênesis a Apocalipse. Assim, mesmo que Ele grite algo a nós, se não compreendemos a essência de Sua mensagem [ainda que Ele Se comunique das mais diversas maneiras], não adianta nada. E a linguagem d'Ele não é outra, senão a santidade. Você pode até não gostar, mas Ele não mudará Sua comunicação. Então, mesmo que saibamos muito a respeito da Sua Palavra, não poderemos absorver tudo o que ela nos oferece se não conhecermos ao certo a linguagem em que ela é exposta. É esse o ruído que nos retira do rio e impede que ouçamos Seus direcionamentos e correções.

Por vezes, passamos horas do nosso dia ouvindo e assistindo ao que não presta, falando coisas inúteis, sujas, fofocando, andando com pessoas que não valem a pena e, com o tempo, a santidade que havíamos conquistado se perde. Por fim, quando temos a oportunidade de escutá-lO no secreto, os ruídos que se acumularam ao longo da semana foram tantos, que nosso relacionamento com Deus acabou sendo obstruído.

Você, com toda certeza, conhece alguém que diz o tempo todo: "Deus não fala comigo!". Mas, quem sabe, se essa pessoa estivesse colocando barreiras de proteção para não permitir tantos ruídos, ela não O escutaria. Se desejamos que Cristo seja nosso fundamento, não podemos deixar que nada atrapalhe a conclusão de Sua obra em nós, nem mesmo detalhes que parecem inofensivos. Nesse sentido, sempre que alguém aborda esse assunto e aponta o perigo da presença do pecado durante a construção de um alicerce com Deus, muita gente vê essa questão como algo abstrato. Entretanto, esses pequenos empecilhos podem se apresentar de diversas formas e, quando menos esperamos, podem até nos enganar. É o caso do dinheiro, por exemplo.

Eu conheço a história de um rapaz que foi morar fora do País e trabalhava 16 horas por dia. Trabalhava,

trabalhava, trabalhava, e todo mundo dizia: "Rapaz, pelo amor de Deus, tire o pé do acelerador, cuide da sua família, descanse um pouco". Mas ele sempre respondia: "Não, eu estou trabalhando para poder descansar". Depois de muito tempo nessa rotina frenética, ele decidiu que era a hora de parar. Estava com 40 anos e voltou ao Brasil, porém, sem esposa, sem filhos, sem amigos e sem apoio, mas com muito dinheiro no bolso. Comprou uma casa na praia e disse à sua mãe: "Mãe, agora eu vou aproveitar a vida". Naquela mesma semana, sentiu uma pontada no coração e procurou um médico. O doutor confirmou que havia um problema de saúde e orientou que ele fosse para casa descansar. E foi o que ele fez, mas, infelizmente, descansou para sempre. Tudo o que ele conquistou, todas as horas de trabalho, cada esforço extra, cada centavo acumulado, nada pôde salvá-lo das consequências. Tudo isso, porque os seus alicerces nunca tinham sido corretos; enquanto os ruídos o tornaram surdo à realidade.

Portanto, antes que seja tarde demais, como ocorreu com o rapaz que viveu somente para trabalhar, reveja os seus conceitos, prioridades e firmamento. Se eu pudesse lhe dar um conselho, diria: ame a Jesus acima de qualquer coisa. Priorize a vontade d'Ele e os Seus planos para você, e as coisas tomarão um rumo muito melhor do que os seus melhores e maiores sonhos (cf. Mateus 6.33). Você pode acreditar no que quiser, é livre para isso. Só não se esqueça: daqui a pouco, você terá sede novamente, e, a menos que nunca mais queira senti-la, já sabe o que fazer.

Capítulo 6

PRINCÍPIOS DA FELICIDADE

Todo mundo quer ser feliz. Na verdade, talvez poucas coisas na vida sejam tão valorizadas e perseguidas quanto a felicidade. A busca por ela é a razão de muitos escolherem certo curso na universidade, mudarem de país ou decidirem permanecer no mesmo, casarem-se, optarem por trabalhar ou não com tal coisa, trocarem de carreira, e planejarem suas vidas de maneira que, em algum momento, ou na maior parte do tempo, possam encontrar esse contentamento.

No entanto, o nosso grande problema é acharmos que a felicidade só acontecerá "quando" e "se". Se o casamento acontecer; quando o apartamento for comprado; se a gravidez chegar; quando o carro novo vier; se houver a promoção no trabalho ou se a viagem internacional se tornar realidade. O que pouca gente entende é que ela não pode depender de nenhum desses fatores.

Afinal, a Palavra nos diz:

Tu me farás ver os caminhos da vida; **na tua presença há plenitude de alegria**, na tua destra, delícias perpetuamente. (Salmos 16.11 – ARA – grifo do autor)

Porque a tua benignidade é melhor do que a vida, os meus lábios te louvarão. (Salmos 63.3 – ARC)

Eu amo o fato de como, ao longo da Bíblia toda, o Senhor nos revela que a nossa felicidade está atrelada à pessoa d'Ele. Em outras palavras, o que o salmista está nos dizendo é que a satisfação plena possui uma fonte: Deus. Ele é melhor do que qualquer coisa que conhecemos, inclusive a vida. E, por isso, deve ser a razão da gratidão em nossos lábios. Isso significa que saber que o Senhor é bom e que os Seus planos para nós são perfeitos deve gerar uma atitude em resposta. Já que conhecemos e temos consciência da Sua benignidade, nossas atitudes devem condizer com essa verdade.

Entretanto, hoje e cada dia mais, parece que a nossa geração contraria essa lógica. Quantos amam dizer que Jesus é lindo, maravilhoso e tantas outras coisas, mas, por não terem uma vida que confirme tudo isso, acabam simplesmente demonstrando que essas declarações são meras palavras jogadas ao vento, sem um valor real?!

Na realidade, nós carregamos o "sonho americano" do que seria uma vida plena, mas raramente gostamos de incluir Deus nessa equação. Genericamente, pensamos: "Eu quero me casar, ter filhos, mas antes preciso comprar um carro, uma casa e terminar a pós-graduação. Depois que alcançar esses objetivos e ser feliz, aí, sim, é o momento de me voltar para Deus e aplicar os Seus princípios em minha vida". Infelizmente, mesmo que seja sem perceber, muitas pessoas ficam presas nessa forma de pensar durante a vida inteira, de maneira que a felicidade sempre acaba sendo atrelada ao próximo passo.

A questão é que, nesse tipo de mentalidade, o agora praticamente não interessa, apenas o que está lá na frente. Então, diante de qualquer conquista, seja um carro popular, a primeira casa própria ou alguma outra coisa, o pensamento será: "Quando eu adquirir um melhor, aí, sim, terei realizado o meu sonho [e serei feliz]". Acontece que, quando chega o momento de comprar o carro do ano ou mudar-se para uma mansão, parece que tudo acabou perdendo o sentido no meio do caminho. Isso, porque, de fato, os olhos nunca estiveram neste ou naquele bem, e sim em algo que não existe.

Certa vez, tive a oportunidade de visitar a casa de uma pessoa muito rica; e quem me conhece pelo menos um pouco sabe o quanto sou escandaloso. Não sei disfarçar. Quando vejo alguma coisa muito bonita, diferente ou fora da minha realidade, a minha reação é logo soltar algo como: "AI, MEU DEUS!". Então, assim que cheguei àquele apartamento, não sabia para onde olhar.

Era minha primeira vez em um duplex[1]. Na hora em que entrei e vi uma escada, pensei: "O que é isso? Uma escada de incêndio?". Mas o que mais me impressionou foi a sacada, com uma bela vista e uma piscina particular. Imediatamente, comentei com o dono do imóvel: "Caramba, você tem uma piscina no seu apartamento!?". E, apesar de ter percebido que eu estava empolgado, ele disse: "Faz uns dois anos que não entro aí". Sem entender como aquilo poderia ser possível, respondi na mesma hora: "Se fosse eu, ia morar lá dentro!".

Então, ele começou a explicar: "Deive, antes de morar aqui, meu sonho era ter uma casa como essa. Eu sonhei com essa piscina e com cada detalhe que você está vendo. Foi difícil conquistar, mas agora parece que perdeu a graça. Há dois anos, tudo era novidade, eu realmente vivia dentro da piscina e curtindo os cômodos, mas, com o tempo, virou parte da rotina".

Da mesma forma, passei por algo parecido na primeira vez em que comprei um celular muito caro, que eu queria muito. Fui pregar nos Estados Unidos e, quando cheguei lá, mesmo com tantas marcas diferentes, não pensei duas vezes e fui correndo à loja que vendia o aparelho que eu queria. Quando coloquei os pés lá dentro e olhei ao redor, tive uma sensação muito boa, como se fosse privilegiado por estar ali e fizesse parte de uma pequena parcela da população que, um

---

[1] Um duplex é um apartamento de dois andares conectados por uma escada ou estrutura interior.

dia, também teria aquela experiência. Para ser sincero, estava me achando. Comprei o modelo que mais gostei e saí desfilando pelas ruas com o celular novo. Tive todo o cuidado para não arranhar ou deixar cair no chão por nada. Mas bastaram algumas horas para aquele se tornar mais um celular. A felicidade, por mais que fosse real, era curta e passageira.

Porém, com isso não estou querendo dizer que a busca por sonhos grandes e objetivos desafiadores seja um problema. Querer mais da vida e se esforçar para conquistar conforto e bem-estar para você, sua família e até outras pessoas que serão ajudadas nesse processo não é errado. Pelo contrário, precisamos abandonar o comodismo, empenhar-nos, lutar e correr atrás do progresso em todos os sentidos. A grande questão é quando passamos a supervalorizar essas conquistas materiais como se elas fossem a fonte da nossa alegria. E isso acontece quando desvirtuamos as boas motivações que tínhamos e damos lugar a uma ambição nociva, em que passamos a querer ter para mostrar, ter para ser, ou até mesmo ter porque todo mundo tem.

Já a gratidão nos blinda contra os perigos do descontentamento. Portanto, uma pessoa com o coração grato pela sua vida e pelo que já tem é infinitamente mais feliz, porque reconhece que tudo o que ela tem de bom vem de Deus.

Quanto a isso, a Palavra nos garante:

> Toda dádiva que é boa e perfeita vem do alto, do Pai que criou as luzes no céu. Nele não há variação nem sombra de mudança. (Tiago 1.17 – NVT)

Não só isso, mas ela continua:

> Deem graças em todas as circunstâncias, pois esta é a vontade de Deus para vocês em Cristo Jesus. (1 Tessalonicenses 5.18 – NVI)

No entanto, ao contrário do que esses versículos nos orientam, quantos se dizem cristãos, mas vivem amargurados, infelizes e cheios de tristeza por não serem capazes de enxergar a bondade, amor, misericórdia e graça de Deus em suas vidas?! Alguns focam tanto no que ainda não têm, naquilo que desejam "ser e fazer", que acabam não percebendo que, por meio de Cristo, já possuem tudo o que precisam.

Como nos falta um coração grato! Como nos faltam olhos para reconhecer o que já temos! Inclusive, muitas vezes, ficamos tão cegos com o futuro e por nossos desejos, que ignoramos o próprio sacrifício de Jesus por nós. Só por sermos salvos, deveríamos ser as pessoas mais gratas e felizes da Terra. Mesmo não merecendo, o amor incondicional de Deus nos encontrou, pagou a nossa dívida e nos perdoou, para que pudéssemos ser parte de Sua família eternamente.

Todos os dias, sem falhar, essa mesma misericórdia nos alcança. E por mais que muitas coisas possam não ser como gostaríamos, ainda assim, temos motivos infinitos para agradecer. Temos uma casa, uma família, roupas, saúde, um trabalho para nos sustentar, cobertores para dias frios, comida em nossa dispensa; temos amigos de verdade, um chuveiro com água quente, uma igreja para chamarmos de família; temos vida e podemos respirar sem que haja a cobrança ou a privação disso. Isso é graça de Deus. Talvez você ainda não tenha acesso a todas essas coisas. Se esse for o caso, eu o desafio a orar, fazer a sua parte em busca de seus sonhos e desejos, e experimentar as boas e perfeitas dádivas do Pai das Luzes vindo sobre você. Entretanto, independentemente daquilo que ainda não temos, é imprescindível que cultivemos um coração grato e vivamos pautados por este e tantos outros princípios da Palavra de Deus.

Em contrapartida, sempre que penso neste assunto, chego à conclusão de que talvez a maior parte da nossa dificuldade de sermos gratos se dê pelo fato de ainda não termos entendido o que realmente importa nesta vida. E isso está muito ligado à nossa percepção e familiaridade com as questões eternas.

Há algum tempo, ouvi uma história a respeito de um sábio egípcio, famoso em sua região. Na narrativa, um viajante chegou até a cidade desse sábio e foi de casa em casa procurando por ele. O homem foi encontrado em um local simples, com poucos móveis, sentado em uma cadeira sem nenhuma sofisticação, lendo um livro. O viajante, que era muito rico, olhou para o sábio extremamente desconfiado e perguntou: "É você o famoso sábio de quem todos falam?". Então, este respondeu: "Bom, são as pessoas que me atribuem essa posição". "Mas você é realmente sábio? Onde estão as suas riquezas, suas posses, suas mobílias caras ou seu palácio?", questionou o viajante. Percebendo quais eram as intenções daquele homem, o sábio devolveu: "E onde estão as suas riquezas? Onde está o seu palácio ou seus funcionários?". Foi quando o viajante rapidamente respondeu: "Estou aqui apenas de passagem, tudo isso ficou na minha terra". Então, o sábio olhou para ele e disse: "Pois bem, eu, assim como você, também estou apenas de passagem".

O problema é que nós pensamos justamente como o viajante, e não como o sábio. Na vida, temos a tendência de valorizar muito mais as coisas que temos a chance de perder do que as que durarão para sempre. Contudo, quando a Bíblia se refere a nós, ela compara nossas vidas ao vapor (cf. Tiago 4.14), confirmando-nos o quanto a nossa estadia na Terra é passageira. Por outro lado, o nosso destino é a eternidade e, por isso, precisamos viver da melhor maneira possível enquanto estamos aqui, construindo tesouros que são eternos, e não apenas materiais.

É por esse motivo que a Palavra de Deus nos revela tantos princípios, verdades e valores fundamentais. Só assim seremos capazes de viver plenamente por Ele neste mundo, lembrando-nos o tempo inteiro de que nossa eternidade começa aqui e agora. O Sermão do Monte, por exemplo, talvez mais do que qualquer outra pregação de Cristo, resume e revela alguns desses princípios para os que O colocam como alicerce de suas vidas, e desejam ser felizes:

> Vendo as multidões, Jesus subiu ao monte e se assentou. Seus discípulos aproximaram-se dele, e ele começou a ensiná-los, dizendo: "Bem-aventurados os pobres em espírito, pois deles é o Reino dos céus. Bem-aventurados os que choram, pois serão consolados. Bem-aventurados os humildes, pois eles receberão a terra por herança. Bem-aventurados os que têm fome e sede de justiça, pois serão satisfeitos. Bem-aventurados os misericordiosos, pois obterão misericórdia. Bem-aventurados os puros de coração, pois verão a Deus. Bem-aventurados os pacificadores, pois serão chamados filhos de Deus. Bem-aventurados os perseguidos por causa da justiça, pois deles é o Reino dos céus. Bem-aventurados serão vocês quando, por minha causa os insultarem, perseguirem e levantarem todo tipo de calúnia contra vocês. Alegrem-se e regozijem-se, porque grande é a recompensa de vocês nos céus, pois da mesma forma perseguiram os profetas que viveram antes de vocês". (Mateus 5.1-12 – NVI)

Esse trecho específico do Sermão é conhecido popularmente como "As bem-aventuranças", um conjunto de ensinamentos que parecem simples, mas que, quando vividos, carregam o poder de transformar profunda e completamente o caráter daqueles que se permitem ser moldados por Deus. Porém, sem a ajuda e a ação do Espírito Santo, é impossível que isso aconteça. Dependemos da atuação divina em nossas vidas para sermos transformados, tornarmo-nos mais parecidos com o Senhor e vivermos inteiramente o que Ele separou para nós.

Para tanto, um dos primeiros e mais importantes passos é a obediência, que também é um dos princípios da alegria ensinados na Palavra. Sem a obediência radical, é impossível andar com Deus, e muito menos ser transformado. O autor de Hebreus nos explica exatamente isso quando menciona que a Palavra de Deus é viva e eficaz, mais afiada que uma espada de dois gumes. Por isso, ela penetra profundamente dentro de nós, e separa a alma e o espírito, julgando todos os nossos pensamentos e intenções (cf. Hebreus 4.12). No entanto, isso só tem espaço para acontecer quando estamos submetidos completamente à Sua verdade e passamos a obedecê-lO, afinal não adianta sabermos o que precisamos mudar ou abandonar se não nos posicionarmos segundo o que Ele está nos orientando.

Desse modo, a partir do momento em que nos colocamos nessa posição e somos fiéis em permanecer debaixo do direcionamento que Ele nos deu, nada mais continua da mesma maneira. Nesse sentido, um dos vários aspectos de quem abraça os princípios do Evangelho é a transformação da visão, ou seja, quando os olhos espirituais começam a se abrir. E não me refiro simplesmente à capacidade de enxergar coisas sobrenaturais ou encarar situações de uma forma diferente, mas também a não sermos distraídos por aquilo que pode nos parar no meio do caminho.

Creio que seja exatamente aqui que muitas pessoas se perdem e são tragadas pelos problemas do dia a dia. Afinal de contas, a tendência é que sempre tentemos comparar nossas experiências com a de outras pessoas, observando se estamos tomando as melhores decisões. Assim, no momento em que não estamos sendo movidos pelos princípios do Reino, damos abertura para que qualquer variação no ambiente abale nossas estruturas. Mas, se somos obedientes, nos mantemos firmes em nosso relacionamento com Deus e no que a Palavra nos instrui, e temos a certeza do nosso destino. Logo, nenhuma mudança de temporada repentina ou ataque direto aos nossos sentimentos poderá nos afetar.

Um dos grandes motivos para isso é porque conhecer a Bíblia e ouvir a voz do Espírito nos protege de problemas como a comparação, que é um dos maiores ladrões da alegria. Sutilmente, ela começa a granjear espaço em nosso coração e minar o que Deus iniciou por meio da gratidão. Assim, quando passamos a nos comparar com outras pessoas, pouco a pouco, começamos a ter dificuldades de enxergar os motivos para sermos gratos. Consequentemente, afeta nossa obediência, uma vez que, se não estamos realmente firmados em nosso relacionamento com Deus, e nosso coração está alimentado com ingratidão, fica difícil nos submetermos a Ele.

Ao contrário do que pensam, a comparação não é um problema da pós-modernidade, na realidade, ela sempre existiu. O ser humano, desde o início, teve de lutar contra a ilusão desleal de que o "seu bastidor" tem de ser compatível com o "palco dos outros". Por algum motivo, a nossa tendência é compararmos o pior de nós com o melhor das pessoas. Isso faz com que elas sempre pareçam mais bonitas, mais ricas, mais bem-sucedidas, mais espirituais, mais felizes, mais bem vestidas, menos problemáticas e mais bondosas. Quanta ingenuidade. A vida não é perfeita para ninguém. E, muito provavelmente, os que pensam isso são enganados de forma descarada pelos que fingem viver assim.

Por fora, todo mundo quer mostrar que é feliz, completo, que tem sucesso e é cheio de Deus. Mas será mesmo que isso é verídico? E independentemente de se for ou não, será que isso é da nossa conta? Por que nos preocupamos tanto com os outros assim? Talvez seja porque não temos coragem de olhar para dentro e encarar tantos entulhos e lixos que precisamos arrancar de nós mesmos. Isso dá trabalho. É mais fácil focar no outro e nos convencer de que aquilo que pensamos ver é a realidade. E se ela for o que parece ser, então, nós nos convencemos de que estamos muito longe de sermos vitoriosos, inclusive, muito distantes da felicidade para tomar qualquer atitude.

Não só isso, mas o contrário também acontece. Enquanto a maioria comumente se enxerga como fracassada, alguns outros agem como se fossem superiores, apenas para alimentar seu orgulho. Tanto um quanto o outro, sem perceber, passa a ser destruído por essa cultura nociva de perfeccionismo e comparação atrelada à falta de um caráter transformado por Deus. De um lado, a necessidade e o devaneio de achar que, pelo fato de ser bom em algumas coisas, isso o habilita a se sentir superior e melhor do que qualquer um. Enquanto do outro, há uma culpa profunda por não atingir as expectativas mentirosas que são impostas. É como se o ser humano sempre precisasse estar se comparando com alguém para se sentir melhor ou pior.

Nesse contexto, ainda que a comparação seja algo que está entre nós desde sempre, lamentavelmente, quando olho para a nossa geração, tenho a impressão de que ela é a que mais vende essa falsa ideia de plenitude, se comparada com as anteriores. Somos peritos em estabelecer um passo a passo para o sucesso, entretanto a vida que levamos é marcada por relações superficiais, egoístas e, muitas vezes, fingidas. Tudo isso, por conta da comparação e das prioridades erradas. Por exemplo, enquanto a razão da nossa felicidade for aquilo que podemos comprar com dinheiro ou popularidade, sobretudo para mostrar para os outros, continuaremos reféns do descontentamento. Se não tivermos os alicerces e princípios certos para nos sustentar, não adiantará de nada. Não vale nada ter uma casa enorme, com muitos quartos, mas cheia de solidão. Não adianta ser conhecido por todo mundo, e não por Jesus. Não há nenhum valor em desfrutar de tudo o que o homem pode comprar, e não ter a essência da vida, que é o próprio Cristo.

Portanto, não se cobre por aquilo que é fictício. Coloque seus esforços em "ser", e não em "parecer". Não tente provar que você é bom postando imagens bonitas ou fazendo boas ações; construa todos os dias um caráter aprovado. Não se preocupe em mostrar que você é um excelente marido apenas com belas declarações para sua esposa, mas posicione-se como o sacerdote do lar que você é. Não ostente que você é uma ótima esposa só para ser elogiada em algum lugar; seja a mãe que os seus filhos precisam e uma mulher maravilhosa para o seu marido. Ou, se você deseja se dedicar a algo, que seja à necessidade de estar mais próximo de Jesus todos os dias. Rasgue o seu coração em Sua presença, declare sua fome por Ele e deixe que o Espírito Santo preencha todos os espaços possíveis na sua vida.

E, por último, mas não menos importante: celebre as suas conquistas e as dos outros. A celebração é um dos princípios para uma vida alegre. Às vezes, até temos uma história bastante difícil, mas queremos muito mais que as pessoas se compadeçam de nós do que, de fato, investir tempo para mudar o nosso cenário. O pior é que, talvez, em nossa cabeça, a melhor forma para que os outros compreendam nossos dilemas é fazendo com que, de algum modo, eles passem pelo mesmo. Então, acabamos ferindo as pessoas e transbordando nossa amargura nelas, gerando não só em nossa vida, mas também na daqueles que estão ao nosso redor, mais dificuldades ainda.

Sendo assim, pare de se lamentar e se vitimizar, ou de ter inveja do que os outros têm. Aprenda a comemorar suas conquistas (mesmo quando forem pequenas) e a de outras pessoas: "Glória a Deus por aquilo que você está vivendo!"; "Que bom que você está sendo abençoado!"; "Que alegria você ter ganhado uma promoção."; "Que bom que você está desfrutando de tanto favor de Deus!"; "Que incrível ter ganhado uma bolsa na universidade!"; "Que maravilhoso você ter conseguido reformar sua casa! Ainda não aconteceu comigo, mas ainda bem que já tem alguém vivendo o que eu tenho vontade de viver!". Isso, sim, é cumprir a Palavra de Deus e agir profeticamente. Alegre-se de coração com o avanço daqueles que o cercam, e, quando for a sua vez, celebre também; não fixe os seus olhos no que ainda não veio. Deus, o tempo inteiro, está fazendo coisas novas, seja em nossa vida ou na dos outros. Temos de aprender a festejar de forma genuína cada uma delas, sejam grandes ou pequenas. Para tal, as Escrituras nos dizem:

> [...] regozijai-vos na esperança, sede pacientes na tribulação, na oração, perseverantes; compartilhai as necessidades dos santos; praticai a hospitalidade; abençoai os que vos perseguem, abençoai e não amaldiçoeis. Alegrai-vos com os que se alegram e chorai com os que choram. (Romanos 12.12-15 – ARA)

Celebrar, em muitos casos, é a chave para rompermos com os cenários complicados pelos quais estamos passando. Ninguém sorri todos os dias, assim como ninguém chora para sempre. Viver uma provação hoje não significa que estaremos condenados a sofrer pelo resto da nossa existência. Pelo contrário! Cristo já sofreu por nós há muito tempo, para que, apesar das aflições, tivéssemos a oportunidade diária de nos alegrar e agradecer por todas as dádivas que Ele tem nos dado (cf. João 16.33).

A celebração, assim como a gratidão e a obediência, não é apenas um ritual ou algo que fazemos de forma religiosa, como parte de um conjunto de regras. Na verdade, viver debaixo dessa alegria é apenas um reflexo de quem recebeu uma revelação desses princípios, bem como do amor, graça e misericórdia de Deus.

Logo, ser feliz tem muito mais a ver com o que já temos e somos do que com o que conquistaremos, e acredito que esse seja o segredo. É por isso que as pessoas querem "ser felizes", e não "estar felizes". E quando penso em tudo isso, fica ainda mais óbvio para mim por que Jesus disse que, para entrarmos no Reino dos Céus, devemos ser como crianças, pois elas não se sentem na obrigação de ter muitos bens, status, de impressionar as pessoas etc., apenas são o que são, e isso as faz contentes.

Capítulo 7

A NECESSIDADE DO PROPÓSITO

Não há uma pessoa sequer no mundo que nunca tenha se perguntado quem é ou a razão de ter nascido. Basta existirmos para nos questionarmos, em algum momento, sobre esse assunto. Por isso, a filosofia, a literatura, a psicologia e tantos pensadores tentam dar uma explicação, mas, até hoje, nenhum deles conseguiu oferecer uma resposta boa o bastante. E não acredito que sejam capazes de fazê-lo, mesmo que continuem tentando. A questão é que muita gente não sabe disso e acaba buscando identidade e propósito onde jamais será possível encontrar.

Ao tratar desse tema, lembro-me de quando voltei para Jesus ainda novo. Na época, eu estava cursando Direito para ser advogado, e, para mim, aquilo era o máximo que eu poderia alcançar na vida. Segui até o final, feliz por ser um dos primeiros em minha família a ir para a Universidade. Em minha formatura, fui convidado para fazer o discurso, mas não esperava sentir o Espírito Santo falar comigo exatamente naquele momento. Dei início à mensagem dizendo: "Daqui sairão doutores, juízes, promotores, embaixadores...", quando, de repente, o Senhor disse: "E daqui sairá um pregador da Minha Palavra". Eu tinha passado a graduação inteira pensando que iria advogar para os outros, mas esse não era o Seu plano para mim. Na verdade, eu, por mim mesmo, nunca teria imaginado o que Deus havia reservado.

Inclusive, confesso que, muitas vezes, não achei que seria capaz. E não era mesmo. No entanto, nesse percurso de entender quem eu era e o propósito da minha vida, compreendi que, nem se eu quisesse, estudasse e me esforçasse para ser completamente transformado seria o bastante — pois mesmo que tenhamos dons, talentos e habilidades maravilhosas, ou que sejamos tratados em nossa alma e estejamos preparados para todas as situações que se apresentarem a nós, ainda seremos totalmente dependentes de Deus. Nossa boa oratória, beleza, bondade, dinheiro, capacidade na escrita, bom desempenho no trabalho, nossa bela voz e qualquer outro exemplo não poderão nos fazer independentes do Senhor. Precisamos d'Ele mais do que tudo! E foi isso que eu compreendi de maneira profunda ao longo de todos esses anos ao Seu lado. Nossos maiores sonhos sem Ele são pequenos demais. Nossas melhores qualidades, insuficientes.

Por isso, não poderíamos, ainda que quiséssemos, descobrir quem somos verdadeiramente, encontrar qual é o nosso propósito e cumpri-lo sem Deus. Nosso problema é pensar que as habilidades que temos vão dar conta do recado, ou então que nossa condição social, cor, sobrenome, talento ou falta dele podem e vão atrapalhar os planos de Deus. E talvez isso aconteça porque, no fundo, acreditamos que o Senhor é limitado como nós. Erroneamente, cremos que as circunstâncias, os problemas, as tempestades, os "de repentes" O pegam de surpresa, quando, na verdade, nada Lhe causa espanto. Afinal, Deus é aquele que sabe de todas as coisas, não pode ser contido, preso nem domesticado. Então, até entendo que costuma ser estranho para nós, seres tão finitos e frágeis, imaginarmos a grandeza, majestade e poder de Alguém que não tem começo nem fim.

Diante dessa realidade, podemos nos perguntar: "Se Deus é tudo o que conhecemos de melhor nesta vida, por que Ele Se importaria conosco? Será que, de fato, Se importa? Por que Ele teria planos para nós? Será que, ao menos, Ele sabe quem somos; que existimos?". Mas minhas dúvidas a esse respeito simplesmente acabaram quando li Salmos 139:

> Ó Senhor, tu examinas meu coração e conheces tudo a meu respeito. Sabes quando me sento e quando me levanto; mesmo de longe, conheces meus pensamentos. Tu me vês quando viajo e quando descanso; sabes tudo que faço. Antes mesmo

de eu falar, Senhor, sabes o que vou dizer. Vais adiante de mim e me segues; pões sobre mim a tua mão. Esse conhecimento é maravilhoso demais para mim; é grande demais para eu compreender! É impossível escapar do teu Espírito; não há como fugir da tua presença. Se subo aos céus, lá estás; se desço ao mundo dos mortos, lá estás também. Se eu tomar as asas do amanhecer, se habitar do outro lado do oceano, mesmo ali tua mão me guiará, e tua força me sustentará. Eu poderia pedir à escuridão que me escondesse, e à luz ao meu redor que se tornasse noite, mas nem mesmo na escuridão posso me esconder de ti. Para ti, a noite é tão clara como o dia; escuridão e luz são a mesma coisa. **Tu formaste o meu interior e me teceste no ventre de minha mãe.** Eu te agradeço por me teres feito de modo tão extraordinário; tuas obras são maravilhosas, e disso eu sei muito bem. **Tu me observavas quando eu estava sendo formado em segredo, enquanto eu era tecido na escuridão.** Tu me viste quando eu ainda estava no ventre; **cada dia de minha vida estava registrado em teu livro, cada momento foi estabelecido quando ainda nenhum deles existia.** Como são preciosos os teus pensamentos a meu respeito, ó Deus; é impossível enumerá-los! Não sou capaz de contá-los; são mais numerosos que os grãos de areia. E, quando acordo, tu ainda estás comigo. Ó Deus, quem dera destruísses os perversos; afastem-se de mim, assassinos! Eles blasfemam contra ti; teus inimigos usam teu nome em vão. Acaso, Senhor, não devo odiar os que te odeiam? Não devo desprezar os que se opõem a ti? Sim, eu os odeio com todas as minhas forças, pois teus inimigos são meus inimigos. Examina-me, ó Deus, e conhece meu coração; prova-me e vê meus pensamentos. Mostra-me se há em mim algo que te ofende e conduze-me pelo caminho eterno. (Salmos 139 – NVT – grifo do autor)

Segundo esse salmo, o Senhor nos conhece muito mais profundamente do que qualquer ser humano seria capaz, desde antes mesmo de nascermos. E é por isso que, muito embora haja pessoas ou coisas que nos afirmem quem somos, sei muito bem que é difícil que isso se torne verídico em nossas mentes. Aliás, eu mesmo sou exemplo disso: filho da dona Luciane e do seu Amilton, nasci no dia 9 de abril de 1990; não fui uma gravidez indesejada, recebi meu nome de batismo — Deive Leonardo Martins — e nunca tive dúvidas sobre ser adotado. Mas, curiosamente, nada disso me dizia muito sobre quem eu era de verdade.

No entanto, conforme fui conhecendo a Deus e abrindo o meu coração para Ele, passei a receber as respostas que eu tanto procurava. Descobri que a minha essência não diz respeito à minha origem ou família, e, sim, sobre quem o Senhor diz que eu sou. E garanto, isso muda tudo. Como Salmos 139 aponta, antes de meus pais sonharem em me conceber, eu [assim como você] já era uma realidade para Deus. Antes que escolhessem o meu nome, eu já estava no Seu coração e em Seus planos. Isso prova que não somos, de maneira alguma, um acidente. Não viemos do acaso. Deus projetou, investiu tempo e desenhou a minha e a sua história. Logo, não importa se você foi planejado por seus pais ou não, tampouco interessa de onde você veio ou como foi gerado. O Senhor sabe muito bem quem você é, e é por isso que apenas Ele pode lhe entregar essa resposta. Por isso, de modo muito amoroso, a Palavra diz:

> "Porque sou eu que conheço os planos que tenho para vocês", diz o Senhor, "planos de fazê-los prosperar e não de lhes causar dano, planos de dar-lhes esperança e um futuro". (Jeremias 29.11 – NVI)

O que esse pequeno e poderoso versículo de Jeremias nos entrega é uma verdade irrefutável a nosso respeito: o Senhor tem planos para nós. Ele teve objetivos claros ao nos criar, intenções e um propósito. Não só isso, mas entre todos os projetos que Ele desenhou para mim e para você, não existe nenhum que foi calculado para nos causar algum mal. Pelo contrário, cada um deles foi planejado para nos fazer prosperar, dar-nos esperança e um futuro. Por outro lado, infelizmente há muitas pessoas vivendo debaixo de palavras de condenação, mentiras e de um jugo de engano, porque não estão ouvindo as verdades de Deus. Se tivéssemos, porém, fé no que a Bíblia nos revela e vivêssemos pautados nela, jamais acreditaríamos ou ficaríamos vulneráveis às investidas do Inimigo.

Pensando nisso, vira e mexe fico imaginando como seria se as pessoas soubessem o quão valiosas são. Há tantos que ainda não entenderam sua identidade e não fazem ideia dos planos do Senhor para suas vidas! E é por esse motivo que muitos abrem seus corações para qualquer tipo de imundícia que o mundo afirma ser boa. Se você e eu soubéssemos nosso real valor, nós nos daríamos muito mais respeito e viveríamos de forma bem diferente; consequentemente, nosso relacionamento com Ele seria muito melhor.

Isso, porque a Bíblia não deixa espaço para nenhuma dúvida sobre quem somos: amados por Deus. Por meio da cruz, nós nos tornamos Seus filhos (1 João 1.12). E é mediante o sacrifício de Cristo que também descobrimos para onde vamos. Por conta disso, mesmo que não saibamos, todos carregamos um propósito único e específico, além da Grande Comissão, que está em Mateus 28.18-20 e Marcos 16.15-18. E é isso que torna a nossa vida aqui na Terra intencional. Do contrário, poderia até haver um arrebatamento instantâneo toda vez que alguém aceitasse Jesus como Senhor e Salvador, já que não teríamos missão alguma neste mundo para cumprir, mas não é o que acontece. Isso significa que existe uma razão para permanecermos aqui. Entre a origem e o destino, eu e você temos um propósito para realizar na Terra.

Em razão disso, Deus nos fez com habilidades, gostos e talentos especiais para uma finalidade específica. E talvez isso ainda não seja do seu conhecimento, mas não é por acaso que você se interessa por política, história, matemática, tem facilidade com pintura, é apaixonado por moda, gostava de construir coisas quando criança ou ama cozinhar. Nascemos com predisposição para sermos bons em pelo menos uma coisa na vida, e é isso que devemos usar para expandir o Reino de Deus e transformar o mundo enquanto estamos aqui. Existem pessoas as quais somente quem atua na medicina vai alcançar, por exemplo. Outras, apenas quem trabalha na área do cinema terá condições de se aproximar e apresentar Jesus. O mesmo se dá para a Ciência, Educação, Igreja e todas as outras esferas da sociedade. Desse modo, cada um de nós, juntos, podemos operar em prol do Reino de acordo com nossas respectivas vocações.

Em contrapartida, é bem verdade também que a falta de compromisso verdadeiro com Deus e Sua Palavra tem minado muitas oportunidades de sermos sal e luz neste mundo. Não demora muito para percebermos se alguém é, de fato, discípulo de Cristo ou não, o que torna decisiva a nossa atuação no mundo como agentes do Reino. Por isso, posicione-se, porque é impossível servir a Deus e a qualquer outra coisa simultaneamente. Ou estamos dentro, ou estamos fora.

No entanto, vale lembrar também que descobrir o seu propósito nem sempre é uma tarefa simples. Nem todos têm clareza a respeito disso. Às vezes, leva tempo, afinal não existe uma receita de bolo para esse desafio. Cada um descobre o seu propósito de uma maneira. E se você é um daqueles que ainda está tentando entender o seu, apenas o aconselho que esteja atento à voz de Deus. Ele sempre tem a forma certa de falar conosco, seja nos detalhes mais sutis ou através de um megafone. Permaneça em Sua presença, e logo você terá plena consciência do que fazer.

Acontece que, nesse processo, mesmo sem ter uma direção clara, existem alguns indícios que podem nos mostrar se estamos seguindo na contramão do propósito. Nisso, o sinal mais óbvio e que dificulta muito a nossa busca é a ilusão de estarmos firmados em Jesus, quando, de fato, não estamos. Se nossa história não estiver alicerçada em Cristo de verdade, dificilmente encontraremos o que procuramos.

Outro problema grave é a tentativa de trilhar a corrida dos outros, fazendo algo apenas porque está dando certo para alguém. Antes de qualquer decisão, devemos primeiro respeitar nossos processos e compreender do Senhor o que Ele tem para a nossa vida de forma individual. Do contrário, estaremos apenas copiando modelos e deixando de viver nosso chamado. Algo que eu acho incrível é o fato de carregarmos uma graça especial para atuar em nosso propósito. É por esse motivo que, quando tentamos exercer alguma coisa para a qual não fomos chamados, não há força e brilho, porque, no fundo, não é de verdade. Mas à medida que nos posicionamos e ocupamos os lugares para os quais fomos comissionados por Deus para estar, experimentamos graça no que fazemos. As portas abertas são mais frequentes e não demandam tanto esforço, as habilidades que temos se encaixam no propósito de Deus para nós, e as decisões e acontecimentos, por mais que não sejam fáceis, fluem, justamente porque existe graça.

Isso me recorda de que, não faz muito tempo, enquanto navegava pela internet, encontrei o vídeo de um pregador com todas as caraterísticas comuns, mas vendendo um curso de forma que quase assumia um personagem. Os trejeitos eram de pregador, mas a abordagem era de um *coach*, falando até mesmo sobre técnicas específicas para destravar o futuro. Assisti por alguns minutos e comecei a ficar meio triste pela ausência de identidade naquela fala. A impressão era de que tudo aquilo não passava da cópia de um modelo que veio antes. Normalmente, pessoas que caem nessa armadilha baseiam-se somente no resultado. E quando a motivação é apenas o número, dinheiro ou alcance, elas dificilmente atuam nessa área por muito tempo, porque o que fazem não é verdadeiro. No entanto, quem tem essência e vive debaixo do propósito divino sempre dará resultados, seja no âmbito que for.

Com isso, relembro uma porção de histórias bíblicas que abordam o assunto. E foi este o caso de Davi:

> Jessé levou a Samuel sete de seus filhos, mas Samuel lhe disse: "O Senhor não escolheu nenhum destes". Então perguntou a Jessé: "Estes são todos os filhos que você tem?". Jessé respondeu: "Ainda tenho o caçula, mas ele está cuidando das ovelhas". Samuel disse: "Traga-o aqui; não nos sentaremos

para comer até que ele chegue". Então Jessé mandou chamá-lo e ele veio. Ele era ruivo, de belos olhos e boa aparência. Então o Senhor disse a Samuel: "É este! Levante-se e unja-o". Samuel então apanhou o chifre cheio de óleo e o ungiu na presença de seus irmãos, e a partir daquele dia o Espírito do Senhor apoderou-se de Davi. E Samuel voltou para Ramá. (1 Samuel 16.10-13 – NVI)

O exemplo de Davi nos mostra que Deus não espera que saibamos tudo. Ele não busca pessoas prontas e, como mencionei páginas antes, autossuficientes em suas próprias habilidades. O Senhor procura corações dispostos e verdadeiros.

Antes de ungir o futuro rei de Israel, Samuel, movido pelo que seus olhos apontavam, achava ter encontrado o jovem certo. Contudo, depois de sete filhos, o Senhor não confirmou quem era o escolhido. Longe daquela reunião, pastoreando ovelhas no campo, estava o caçula, Davi. E se não fosse o direcionamento de Deus, que o conhecia profundamente e tinha um plano especial reservado para ele, o profeta nem saberia de sua existência.

O episódio continua, e as Escrituras nos dizem que, quando Samuel bateu os olhos em Davi, o Senhor disse: "É esse!". Assim, a última opção, menos provável e mais desprezada foi selecionada para governar Israel, pois onde todos enxergavam um menino, Deus enxergava um rei. Por isso, nem Saul – o rei anterior – o derrotou, porque sobre aquele pequeno, aparentemente inofensivo, fraco e rejeitado pastor de ovelhas havia uma palavra.

Assim como Davi, muitas vezes, podemos nos sentir como a última opção. Como se fôssemos o menor da casa, o menos talentoso ou o menos inteligente, e, quem sabe, de certa forma, sejamos. Até porque sempre haverá pessoas muito melhores do que nós para fazer aquilo que devemos exercer. Mas quem disse que é sobre nossa capacidade? Quem foi que falou que o Senhor só escolhe os melhores? Se fosse assim, provavelmente, nenhum dos patriarcas da fé teria sido uma opção. Ninguém que fez história com Deus teria sido cogitado como uma possibilidade.

É evidente que, com tudo isso, não quero que soe como se eu estivesse dando um aval para a falta de preparação, pois uma coisa é fato: se você não correr atrás e fizer a sua parte, alguém fará e ocupará o lugar que deveria ter sido seu. O ponto a que quero chegar é que Ele constitui e estabelece aqueles que estão disponíveis e são sinceros de coração. Sim, precisamos dar o nosso melhor, mas, onde não soubermos, pudermos ou formos capazes de cumprir, a Sua graça entrará em cena. Com isso, voltamos à estaca zero: dependência.

Sem a dependência da graça, simplesmente não conseguiremos. Afinal, é por meio dela que somos escolhidos e capacitados para realizar o que, humana e individualmente, jamais seríamos capazes. Não merecemos, mas ela nos muda, faz-nos acessar coisas que não poderíamos sozinhos, permite-nos ser encontrados por Deus e cumprir os Seus propósitos. Uma narrativa bíblica que exemplifica muito disso é a de Maria, especificamente no Evangelho de Lucas, onde nos é relatado que:

> O anjo, aproximando-se dela, disse: "Alegre-se, agraciada! O Senhor está com você!". Maria ficou perturbada com essas palavras, pensando no que poderia significar esta saudação. Mas o anjo lhe disse: "Não tenha medo, Maria; você foi agraciada por Deus! Você ficará grávida e dará à luz um filho, e lhe porá o nome de Jesus. Ele será grande e será chamado Filho do Altíssimo. O Senhor Deus lhe dará o trono de seu pai Davi, e ele reinará para sempre sobre o povo de Jacó; seu Reino jamais terá fim". Perguntou Maria ao anjo: "Como acontecerá isso, se sou virgem?". O anjo respondeu: "O Espírito Santo virá sobre você, e o poder do Altíssimo a cobrirá com a sua sombra. Assim, aquele que há de nascer será chamado santo, Filho de Deus. Também Isabel, sua parenta, terá um filho na velhice; aquela que diziam ser estéril já está em seu sexto mês de gestação. Pois nada é impossível para Deus". Respondeu Maria: "Sou serva do Senhor; que aconteça comigo conforme a tua palavra". Então o anjo a deixou. (Lucas 1.28-38 – NVI)

Eu não sei você, mas, para mim, esse trecho é uma das passagens mais lindas e sobrenaturais da Bíblia. Maria era uma menina normal. Não existe nenhum versículo que comente a respeito de ela ser superdotada, ou ter uma inteligência ou capacidade superior às outras. Isso não quer dizer que ela era qualquer uma, mas, com certeza [e, a meu ver, essa é uma das partes mais extraordinárias], ela era uma menina com uma vida comum, com anseios, sonhos e um cotidiano que provavelmente combinavam com a realidade da pequena cidade de Nazaré.

O que me choca ainda mais é que, apesar de tudo isso, Maria foi escolhida para ser mãe do Salvador. Aposto que, se pudéssemos falar com ela antes da notícia do anjo e do nascimento de Jesus, Maria não teria muito para contar. Aquela visita, porém, mudou tudo. No momento em que o anjo entrou onde ela estava e disse: "Alegre-se, agraciada!", a sua vida e a História da humanidade mudaram. O que eu acho incrível nessa passagem é que Jesus nem tinha nascido, mas somente o rumor da notícia a Seu respeito trouxe a graça para dentro da casa daquela menina. "Agraciada", o anjo a saudou. Talvez ela nem soubesse o que essa palavra queria dizer, mas, naquele instante, experimentou a sensação de ser alvo da graça. Esse foi o crivo decisivo para escolher Maria, e não qualquer outra mulher. Ela achou graça diante de Deus.

Entretanto, apesar da visita e notícia inesperadas, Maria, ao ouvir aquelas palavras, logo reage como quem diz: "Olha, senhor, tudo bem, mas esqueceram uma coisa: eu nunca fiz nada! Sou virgem! Nem esposo eu tenho!". Assim como qualquer pessoa, a primeira coisa que ela fez diante do anúncio de um plano perfeito, mas sobrenatural e longe do seu controle, foi apresentar um obstáculo para o cumprimento da promessa. Igualmente, quando nos deparamos com o propósito de Deus para as nossas vidas, insistimos em tratar como natural aquilo que é extraordinário. Impor razão naquilo que é mistério, milagre. Mas nem tudo caberá em nossa mente, em nossa lógica humana, ou fará sentido racionalmente, e tudo bem! Não temos de entender tudo. Precisamos ser obedientes. Os planos são do Senhor, portanto, tudo está relacionado a Ele e Sua natureza. Se partisse de nós, seria fraco, desajeitado e limitado. Mas Deus sabe o que faz, e na certeza disso podemos descansar.

Em seguida, a Bíblia continua a história dizendo que o anjo ouviu os questionamentos de Maria, e respondeu: "Fique em paz, o Espírito Santo virá sobre você". Fico imaginando o que se passou na cabeça daquela moça tão jovem diante de toda aquela conversa maluca. "Mas eu ainda nem estou grávida, e esse menino já vai ser Rei? Filho de Deus? Ele reinará eternamente? Mas, gente, todo mundo morre, como assim Ele não vai ter fim?". Não acredito que Maria tenha recebido a maioria das respostas para seus questionamentos naquele dia, mas decidiu alinhar a sua vida com os propósitos que Deus tinha reservado para ela.

Além disso, o que ia acontecer depois daquela visita não tinha a ver com ela, mas com o Espírito Santo, que a usou de forma bendita. Tudo o que ela fez foi dizer: "[...] que aconteça comigo conforme a Tua Palavra". Isso, sim, é estar alinhado com Deus; é viver o propósito que jamais teríamos capacidade de acreditar ou sonhar, aquilo que os nossos olhos nunca pensariam em ver. É loucura. Não faz sentido. Não tem lógica. Mas é real. Ao agir de acordo com o que Ele quer, podemos ter certeza de que a nossa razão será ofendida, mas que, apesar da nossa limitação de entendimento, de capacidade e em todos os outros âmbitos, o nosso "sim" nos permite fazer História com Deus.

Enfim, não importa o que as pessoas vão dizer. Se vão discordar, zombar, excluir-nos. Nunca foi a respeito do que pensam de nós, e não é agora que passará a ser. Todos temos um propósito grandioso e único planejado por Deus. E o que nos falta não é estarmos prontos ou termos todas as habilidades, mas nos posicionarmos e dizermos: "Senhor, cumpra em mim segundo a Tua vontade".

Capítulo 8

TEMPESTADES DESNECESSÁRIAS

Existem várias coisas que podem destruir a vida de alguém. Basta uma pequena fagulha, como uma mentira, uma fofoca, um pequeno deslize, uma má amizade para que toda uma história seja manchada para sempre. No entanto, os conflitos, em sua grande maioria, podem ser amenizados se soubermos tratá-los de forma sábia. Caso contrário, corremos o risco de transformar algo teoricamente simples em um problema gigantesco, e assim enfrentarmos consequências desnecessárias de coisas supérfluas. Na verdade, é exatamente aí que mora o real perigo: as tempestades desnecessárias. Algumas coisas em nossa vida não são fruto de eventos aleatórios, mas resultado da nossa falta de bom senso, atenção e prudência. É por isso que a Bíblia nos instrui:

> Portanto, se vocês pensam que estão de pé, cuidem para que não caiam. (1 Coríntios 10.12 – NVT)

Mas, ao contrário do que Paulo alerta, frequentemente, agimos como se tivéssemos uma garantia de que nunca seremos abalados por nada nem ninguém. E essa maneira de pensar acaba refletindo em nossos comportamentos, fazendo com que "relaxemos" a respeito de coisas que, em nossa visão limitada e até arrogante, nunca nos farão mal, afinal "somos mais fortes do que isso e podemos controlar". É exatamente isso que acontece com aqueles que insistem em ir para a igreja aos domingos, mas às sextas-feiras estão na balada com a justificativa de que "gostam da música e só querem dançar", por exemplo.

Do mesmo jeito, esse engano de que a "situação está sob controle" faz com que alguns namorem pessoas violentas e manipuladoras, insistindo em continuar em relacionamentos abusivos por terem medo da solidão ou por acreditarem na mentira de que nunca encontrarão algo melhor. Também ocorre o mesmo com aqueles que teimam em manter uma amizade com pessoas fofoqueiras, perversas e imorais. São tantos pequenos obstáculos que tentamos jogar para debaixo do tapete e agir como se nada estivesse acontecendo! Porém, são justamente atitudes como essas que geram as tempestades desnecessárias em nossa vida. Quantas circunstâncias pelas quais passamos poderiam ser evitadas se nos posicionássemos para abandonar ou dizer "não" a tantas coisas tóxicas que colecionamos ao longo do tempo?! Somando isso à falta de sabedoria de uma série de pessoas, as tempestades desnecessárias não só acontecem, como causam desmoronamentos.

Por isso, é importante entendermos que, se não ficarmos em vigilância e fizermos as escolhas certas, podemos ser os causadores de várias confusões inúteis em nossas próprias vidas. E isso faz com que obstáculos que nem precisavam estar lá sejam gerados, atrapalhando nossa jornada em direção ao nosso destino.

Aliás, talvez uma das principais características de tempestades como essas seja a capacidade sutil de nos manter longe do propósito para o qual fomos chamados, criando embaraços que nos impedem de enxergar o poder e o amor de Cristo em nossas vidas. E isso é consequência de valorizarmos as opiniões dos outros acima do que Ele diz sobre nós. E não fazemos isso apenas com o Senhor, mas também com outras pessoas importantes que podem e devem ter voz em nossa vida, como nossos pais, por exemplo. Porém, infelizmente, em vez de escutá-los, temos dado ouvidos a quaisquer outros, e, sem perceber, ficamos dependentes da opinião das pessoas. Como resultado, nós nos movemos de acordo com o que elas dizem ou pensam.

É por esse motivo que eu amo a história de Daniel; ela nos ajuda a entender, na prática, a importância de termos maturidade e relacionamento com Deus para sustentar um caráter íntegro, que não negocia princípios a fim de agradar a quem quer que seja. A Palavra do Senhor diz que Daniel foi levado cativo ainda jovem, junto ao seu povo, para a Babilônia, que era o maior reinado na época (cf. Daniel 1). No entanto, uma das coisas extraordinárias dessa história é que as Escrituras nos contam que ele se destacou por sua boa aparência, inteligência e sabedoria. Tanto que foi selecionado para fazer parte da equipe que aconselharia diretamente o rei. Os anos passaram e, mesmo depois que a Babilônia foi invadida por outros impérios, o profeta manteve sua posição de honra perante as autoridades que vieram em seguida. Muitas coisas se transformaram com a troca de reis e gerações, mas uma delas nunca mudou na vida de Daniel: sua devoção e entrega radical a Deus. Encontramos um exemplo disso em sua narrativa na Bíblia:

> Então, quando Daniel soube que o escrito foi assinado, ele foi para sua casa e, com as janelas abertas, em sua câmara que davam para Jerusalém, ele abaixou-se sobre seus joelhos três vezes ao dia e orou, e deu graças perante o seu Deus, como costumava fazer antes. (Daniel 6.10 – BKJ)

Com o decorrer do tempo, alguns conselheiros que moravam no palácio, invejando a postura de Daniel e intentando o mal contra sua vida, convenceram o rei Dario a criar um decreto determinando que qualquer pessoa que prestasse culto a algo ou alguém que não fosse o rei seria lançada na cova de leões para servir-lhes de alimento. Aqueles homens sabiam da fé e do caráter irrepreensível de Daniel, por isso, criavam armadilhas constantes para atacá-lo a qualquer custo. Ele, contudo, não se deixou abalar pelas circunstâncias ou pela opinião deles, mas permaneceu firme em Deus. A atitude de Daniel face a essa situação nos ensina que existe apenas uma coisa em nossas vidas que não podemos abrir mão: nosso relacionamento com o Senhor, pois quanto mais d'Ele temos em nós, mais fácil é renunciar a qualquer outra coisa. Diante de Sua presença, tudo perde a graça. Voz nenhuma parece tão importante. Pessoa alguma é ilustre a esse nível. Nada tem tanto valor. Por outro lado, quanto menos nos aproximamos de Deus, qualquer entulho parece ouro.

Conforme avançamos na leitura da história de Daniel, vemos que ele, apesar de todos os obstáculos, não se deixou amoldar de acordo com a Babilônia. Mesmo com toda a pressão, inveja e ódio que recebia de pessoas que conviviam com ele, e com um decreto que o levaria à morte, não tentou se encaixar nos padrões contrários à sua fé para salvar sua vida ou se tornar amigo dos que o perseguiam.

Isso, porque amoldar-se ao ambiente pode até parecer inofensivo, mas, se pararmos para pensar, quantos são destruídos por tentarem agradar a todos?! Pessoas nessa condição gastam suas vidas mendigando atenção e aprovação dos outros, e mal sabem [ou se importam] que o Rei do Universo já lhes aprova e concede toda a

Sua atenção. Logo, a única atenção e aprovação de que precisamos já é nossa.

Agora, no momento em que tentamos agradar a todos e nos provar para as pessoas, uma hora ou outra, acabaremos negando os princípios que deveriam nortear a nossa trajetória. E é assim que muitas tempestades desnecessárias acontecem em nossas vidas, porque não temos princípios fortes, pulso firme e amor o bastante por Deus para não ceder às opiniões alheias. Já Daniel chegou a ser jogado na cova dos leões por sua fidelidade ao Senhor. Afinal, pouco importava o que as pessoas diriam e até o que fariam com ele, porque sabia em Quem confiar.

Foi seguindo esse princípio que descobri algo muito importante em minha vida. Estes dias, parei para fazer as contas e percebi que, depois do meu casamento, eu e minha esposa abrimos as portas de casa apenas para sete pessoas. Nestes dez anos, apenas esse pequeno grupo de amigos e parentes teve acesso a uma parte muito particular do nosso coração e intimidade. Fato é que não dá para ser amigo de todo mundo, pois quem tenta acaba precisando se vender constantemente às pessoas ao redor. Dessa maneira, pouco a pouco, outros vão tomando o espaço de Deus em nosso coração e colocando em xeque nosso propósito, quem somos e do que necessitamos. As dúvidas passam a rondar nossa mente e coração, e nossa fé começa a ir pelo ralo, bem como nossa união com Deus.

Portanto, dar ouvidos às pessoas que vão colocar em perigo o nosso relacionamento com o Senhor, além de indevido, pode ser fatal. E se não prestarmos atenção, ao valorizarmos opiniões e conselhos que fogem do que Deus está nos dizendo, teremos nossa fé roubada. Socialmente falando, o colapso começa quando a cultura estabelece um padrão daquilo que é considerado bom ou ruim. E, em vez de colocarmos esses valores e opiniões à luz da Palavra e perguntarmos o que Deus pensa deles, decidimos apenas a aceitar o que o mundo está dizendo, como se isso, sim, fosse a verdade absoluta. Mas, curiosamente, a Bíblia parece ter uma missão bem diferente para nós:

> Vós sois o sal da Terra. Mas se o sal perder o seu sabor, com o que se há de temperar? Para nada mais presta senão para se lançar fora e ser pisado pelos homens. (Mateus 5.13 – KJA)

No versículo seguinte ao que acabei de citar, Jesus diz que também fomos chamados para ser luz do mundo onde estivermos. Isso significa que cabe a nós dar sabor e orientar, e não sermos influenciados e conformados com o que acontece aqui. Sendo assim, enquanto estivermos na Terra, somos responsáveis por refletir os Seus valores, exercer a Sua influência e revelar o Seu caráter. Nesse processo, a constância, fidelidade e coerência são imprescindíveis, afinal, parafraseando o que está escrito em Tiago 3.12, uma fonte de água salgada não pode jorrar água doce. Em contrapartida, como faremos isso se ainda nos comparamos tanto e temos inveja dos outros, se continuamos a negar perdão para os que nos feriram e se preferimos julgar em vez de agir com misericórdia?

Isso me faz pensar que, além de valorizar a opinião alheia acima de Deus, outra grande tempestade desnecessária na vida de muitos é a falta de perdão, amor e clemência para com aqueles que, de alguma forma, estão em dívida. Algumas vezes, seremos colocados diante dessas pessoas e, quando isso acontecer, teremos duas opções: envolver-nos em um vendaval inútil, que não resolverá nada, ou escolher agir com graça e perdoar.

Ilustrando essa situação, no Evangelho de Mateus, Jesus conta uma parábola linda que diz:

> Por isso, o Reino dos Céus pode comparar-se a um certo rei que quis fazer contas com os seus servos; e, começando a fazer contas, foi-lhe apresentado um que devia dez mil talentos. E, não tendo ele como pagar, seu senhor mandou que ele, e sua mulher e seus filhos fossem vendidos, com tudo quanto tinha, para que a dívida se lhe pagasse. Então, aquele servo, prostrando-se, o reverenciava, dizendo: Senhor, sê generoso para comigo, e tudo te pagarei. Então, o senhor daquele servo, movido de íntima compaixão, soltou-o e perdoou-lhe a dívida. (Mateus 18.23-27 – ARC)

Nessa história, o sentimento do rei foi compassivo. Mas, se pensarmos de acordo com os padrões humanos, acharemos que ele foi injusto, já que o "certo" seria pagar aquilo que se deve. Desse modo, a partir do momento em que o servo não quitou a dívida, qualquer outra reação do rei que não fosse exigir aquilo que lhe era devido seria errada. Contudo, quando entendemos o princípio que essa história carrega, percebemos que esse é o padrão do Céu. Jesus conta essa parábola quando Pedro Lhe pergunta: "'Senhor, até quantas vezes meu irmão pecará contra mim, que eu tenha de perdoá-lo? Até sete vezes?'. E Jesus lhe respondeu: 'Não te direi até sete vezes; mas, sim, até setenta vezes sete'" (vs. 21-22 – KJA).

Logo, mesmo que conseguíssemos chegar perto desse número, o resultado jamais se compararia àquilo que Jesus fez por nós, pois quando Ele pagou a nossa dívida, deu-nos algo que nunca seríamos capazes de retribuir. O Seu sangue na cruz do Calvário não foi merecimento nosso, mas compreender essa verdade e amor nos impulsiona a entender que a misericórdia e a graça fazem parte do estilo de vida de quem anda com Cristo. Até porque, quem é muito perdoado muito ama (cf. Lucas 7.47). Isso é o que eu chamo de coerência.

Contudo, falar de amor virou moda, mas praticá-lo de verdade, não. Amar não é concordar, aceitar qualquer coisa ou ser conivente. Amar é dizer a verdade. É se sacrificar. Perdoar o imperdoável, ainda que a convivência não seja mais possível pela quebra de confiança. Quem ama se coloca no lugar do outro, estende misericórdia e perdoa, porque sabe que Deus já perdoou o que era impossível aos olhos humanos, e, por isso, também podemos e devemos fazer o mesmo.

Naquela mesma parábola de Mateus 18, a Bíblia continua contando que o rei perdoou a dívida do servo, mas que este também tinha alguém que lhe devia:

> Entretanto, saindo aquele servo, encontrou um dos seus conservos que lhe estava devendo cem denários. Agarrou-o e começou a sufocá-lo, esbravejando: "Paga-me o que deves!". Então, o seu conservo, caindo-lhe aos pés, lhe suplicava: "Sê paciente comigo e tudo te pagarei". Mas ele não queria acordo. Ao contrário, foi e mandou lançar seu conservo devedor na prisão, até que toda dívida fosse saldada. (Mateus 18.28-30 – KJA)

Quantas vezes não agimos como esse servo? Fomos tão perdoados por Deus, tão amados e aceitos por Ele, mas, no instante em que erram conosco, ainda que seja uma coisa pequena, estamos prontos para atirar a primeira pedra e "fazer valer a lei", o juízo. Infelizmente, queremos misericórdia para nós, mas não gostamos de demonstrá-la a mais ninguém. Na narrativa, aquele rei acaba descobrindo a verdade sobre o servo mau e entregando-o aos seus credores pelo comportamento tão cruel para com alguém que estava na mesma posição da qual ele havia sido redimido, tendo, assim, um fim muito triste.

Essas histórias – a parábola do servo que não perdoou e a trajetória de Daniel – são apenas alguns exemplos [positivos ou negativos] de como essas tempestades desnecessárias podem surgir e acabar por destruir nossas vidas se as ignorarmos e não nos posicionarmos a fim de dissipá-las. Foi pensando nisso que listei algumas formas principais de evitarmos essas inconveniências e nos afastarmos do perigo.

1) Fortalecer nossa intimidade com Deus: Sem Ele, não podemos fazer nada. Aliás, nossa identidade, propósito e razão de existir estão ligados ao Criador. Em função disso, firme-se em seu relacionamento com o Senhor e conheça-O profundamente, pois só assim você não será enganado ou seduzido por qualquer um que queira se vender como joia preciosa por aí.

2) Entender a importância de guardarmos o nosso coração de tudo o que nos afasta do Senhor: Preserve-o. Preste atenção no que você tem deixado entrar. O que você consome pode ser o motivo de estar mais perto ou mais longe de Deus. Inclusive, acerca disso, Provérbios nos instrui:

> Acima de tudo, guarde o seu coração, pois dele depende toda a sua vida. Afaste da sua boca as palavras perversas; fique longe dos seus lábios a maldade. Olhe sempre para a frente, mantenha o olhar fixo no que está adiante de você. Veja bem por onde anda, e os seus passos serão seguros. Não se desvie nem para a direita nem para a esquerda; afaste os seus pés da maldade. (Provérbios 4.23-27 – NVI)

3) Priorizar a voz de Deus: Apenas a Sua voz – que nem sempre será audível, mas está escrita claramente na Bíblia – pode nos guiar e indicar o caminho que devemos seguir. Assim, precisamos depender somente de ouvi-lO e receber a Sua aprovação. Deus nos deu propósitos eternos que não precisam do consentimento de ninguém. Então, pare de dar valor à opinião alheia, e dê importância máxima a escutar a voz do Senhor e obedecê-la.

Noé é o exemplo perfeito disso. Imagine como seria se ele tivesse dado ouvidos à multidão quando começou a construir a arca?! Todos achavam aquela ideia ridícula e que Noé só poderia estar louco. Que sentido existia em construir um barco enorme em um lugar onde não chovia? Até que a realidade mudou. Se Noé não tivesse entendido que a única aprovação que valia era a de Deus, ele jamais teria conseguido passar décadas debaixo de acusações e zombaria. Portanto, não se preocupe com a opinião dos outros, principalmente se eles não o conhecem. Em vez disso, confie na voz do Senhor e em Sua vontade, porque ela é boa, perfeita e agradável. Aliás, a Bíblia também diz:

> Todavia, não há um só justo na terra, ninguém que pratique o bem e nunca peque. **Não dê atenção a todas as palavras que o povo diz, caso contrário, poderá ouvir o seu próprio servo falando mal de você**; pois em seu coração você sabe que muitas vezes você mesmo também falou mal de outros. (Eclesiastes 7.20-22 – NVI – grifo do autor)

4) Buscar conselhos de pessoas que nos conhecem profundamente, nos amam de verdade, são sábias e tementes a Deus: Aconselhe-se com pessoas que sabem sobre seu propósito e o impulsionarão para lá. Muitos podem querer palpitar sobre nossas vidas, mas não terão autoridade e competência para fazê-lo de modo eficaz. Portanto, não saia procurando e aceitando conselhos de qualquer um. E lembre-se: ainda que você siga uma recomendação, a responsabilidade pelas decisões será sua, por isso, escolha com sensatez.

5) Não levar as críticas de modo pessoal: Se nem mesmo Jesus agradou todo mundo, por que temos essa necessidade de querermos ser aprovados por todos? É importante filtrarmos as palavras que deixamos cair em nosso coração e, para isso, é fundamental entendermos quem são as pessoas que realmente poderão ter voz em nossa vida, como disse anteriormente. *Haters*[1] sempre vão existir. O que importa é o que faremos com essas críticas negativas. Um bom respaldo para essa situação é:

> Pois nossa exortação não tem origem no erro nem em motivos impuros, nem temos intenção de enganá-los; pelo contrário, como homens aprovados por Deus, a ponto de nos ter sido confiado por ele o evangelho, **não falamos para agradar a pessoas, mas a Deus, que prova os nossos corações**. Vocês

---

[1] *Haters* é um termo em inglês que significa literalmente "odiadores". Na linguagem coloquial, o termo diz respeito àqueles que se opõem a alguém ou a determinada ideia simplesmente pela satisfação de atacar seu alvo.

bem sabem a nossa linguagem nunca foi de bajulação nem de pretexto para ganância; Deus é testemunha. **Nem buscamos reconhecimento humano, quer de vocês quer de outros**. (1 Tessalonicenses 2.3-6 – NVI – grifo do autor)

Com os elogios, devemos agir da mesma forma. Há gente que se embriaga com eles. E, em vez de aceitá-los redirecionando a glória para Deus, permite que o ego se infle e gere confusões fúteis por não ter uma boa noção de quem realmente é, e de quem não é.

6) Manter-nos em silêncio: Não precisamos compartilhar todos os detalhes de nossa vida, nossos planos, sonhos e desejos com quem não está debaixo da mesma visão que nós. Às vezes, claro, é necessário testemunhar ou compartilhar em público o que vivemos, mas, na maioria das situações, precisamos permanecer calados para que a voz de Deus não seja abafada por qualquer outro ruído. Nem tudo precisa ser dito, compartilhado, postado, anunciado por aí. Na verdade, a maioria das coisas não deve ser divulgada. E um exemplo curioso disso é a forma como Jesus lidava quando realizava alguns milagres:

> E aconteceu que, quando estava numa daquelas cidades, um homem cheio de lepra, vendo Jesus, prostrou-se sobre o rosto e rogou-lhe dizendo: Senhor, se quiseres, bem podes limpar-me. Ele, estendendo a mão, tocou-lhe dizendo: Quero! Sê limpo! Logo, a lepra desapareceu dele. E ordenou-lhe que a ninguém o dissesse [...] (Lucas 5.12-14)

A atitude de Jesus nos mostra exatamente a importância da discrição naquilo que fazemos. Ele sabia qual era o Seu propósito, o tempo certo, os locais adequados e as pessoas corretas para quem deveria Se revelar ou não. E nós precisamos buscar ser igualmente sábios neste aspecto.

7) Não terceirizar nossas responsabilidades: Muitas dessas tempestades supérfluas que acontecem em nossa vida são provocadas por nós mesmos, e não pela corrupção política, má educação do Brasil, hipocrisia das pessoas na Igreja, porque os cultos de jovens estão entediantes, porque "não tem ninguém decente" para se casar ou por que ninguém lhe deu uma oportunidade na vida. A responsabilidade pelas suas escolhas é sua, e de mais ninguém. Não a coloque sobre as pessoas, circunstâncias e instituições. Temos o poder de decidir e lutar por nossas vidas ao lado de Deus. E já que não há impedimentos diante da ação d'Ele (cf. Isaías 43.13), não temos nem precisamos mais de desculpas.

Capítulo 9

PREPARE-SE PARA A PRÓXIMA TEMPESTADE

De acordo com o World Risk Report de 2018, "Nove dos quinze países com maior risco de sofrerem desastres naturais, incluindo aqueles relacionados a mudanças climáticas, são ilhas"[1], como é o caso do Japão. No mesmo ano, foram registradas cerca de cinco mil mortes em onze países devido a fenômenos como terremotos, furacões, erupções vulcânicas e tempestades.[2]

Em uma realidade como essa, de morte, destruição e medo, não é de se espantar que seja necessário que

---

[1] **Quais são os países mais vulneráveis a desastres climáticos?** Publicado por *BBC News* em 28 de dezembro de 2018. Disponível em *https://www.bbc.com/portuguese/geral-46671825*. Acesso em novembro de 2020.

[2] CARVALHO, Pietra. **Desastres naturais matam 4**.996 pessoas em 2018. Publicado por *Veja* em 27 de dezembro de 2018 e atualizado em 30 de julho de 2020. Disponível em *https://veja.abril.com.br/mundo/desastres-naturais-matam-4-996-pessoas-em-2018/*. Acesso em novembro de 2020.

a população desses lugares desenvolva mecanismos de defesa contra qualquer uma dessas situações. Na verdade, apesar de nunca ser possível se acostumar com desastres assim, com o tempo, os moradores de regiões com maior incidência de fenômenos naturais acabam aprendendo e desenvolvendo estratégias de proteção. Dessa maneira, no fim das contas, aquilo que poderia ser sinônimo apenas de desastre transforma-se no combustível para que essas pessoas se aperfeiçoem e evoluam como comunidade.

Em nossas vidas, não é muito diferente. Quando Deus permite que passemos por dificuldades, inicialmente, elas podem até se mostrar insuperáveis. Mas com a Sua ajuda e as ferramentas necessárias que Ele nos dá para combatê-las, temos a oportunidade de nos fortalecer e preparar para o que vier em seguida. Então, ainda que as tempestades sejam recorrentes, com o tempo e o auxílio de Deus, não só aprendemos a lidar com os temporais seguintes como também amadurecemos e crescemos nessa jornada.

Tanto é verdade, que a Bíblia é repleta de histórias que revelam as tempestades catastróficas que tantos heróis da fé e outras pessoas tiveram de passar ao longo de suas vidas. No entanto, Deus sempre preparava os que estavam firmados n'Ele, dando-lhes toda a capacitação que precisavam a fim de superar quaisquer conflitos que surgissem, fazendo, inclusive, com que eles amadurecessem no processo. O interessante nesses exemplos é que eles mostram como Deus não quer simplesmente nos avisar dos próximos obstáculos, mas nos tornar aptos a lidar com eles da melhor forma possível. Existe uma grande diferença entre apenas reconhecer um problema e aprender a resolvê-lo.

A vida de Gideão, por exemplo, mostra-nos exatamente isso. O seu relato está no livro de Juízes, capítulos de 6 a 8, e tem início com os israelitas sendo devastados por outros povos, que, por sete anos, invadiram suas terras, arruinaram suas colheitas e destruíram seu gado. Já não aguentando mais essa situação, o povo de Israel clamou ao Senhor, e Ele lhes enviou esse guerreiro. No entanto, um ponto muito importante desse episódio diz respeito a quem Gideão era. Quando foi encontrado pelo anjo do Senhor, ele certamente não estava pronto. Não era um guerreiro corajoso, forte e confiante, porém, disse "sim" no instante em que recebeu o comissionamento divino. E foi a partir dali que ele viveu milagres, romperes e mudanças como nunca antes. Talvez, a coisa mais linda em toda essa história seja a transformação completa de Gideão: um covarde, inseguro e sem perspectiva em um grande guerreiro maduro, ousado e cheio de Deus.

Gideão era parte de uma família considerada insignificante em meio a um povo que estava debaixo de uma forte opressão. Sua vida não estava nada fácil naquele momento. Da mesma maneira, não é novidade que todos nós passamos por tribulações; faz parte da vida. O que não podemos é nos dar por vencidos quando elas chegam. Digo isso, porque, ao contrário de Gideão, muitas pessoas, diante das tempestades, obstáculos e até mesmo de sua própria incapacidade para enfrentar o comissionamento divino, preferem se fechar e continuar sentindo pena de si mesmas. Em vez de aproveitarem as circunstâncias para amadurecer e avançar, optam por se agarrar ao conforto do que pensam ser o seu "lugar seguro", por pior e cruel que seja esse local de estagnação. Assim, tornam-se passivas perante as tempestades, e tudo o que conseguem fazer é lamentar, sofrer, colocar a culpa em alguém e questionar por que tudo de ruim no mundo só acontece com elas. O que não param para pensar é que, se estão presas no mesmo lugar, vivendo esse ciclo de novo, de novo e mais uma vez, muito provavelmente é pelo fato de que, em algum momento, eles escolheram não crescer. Não aproveitaram os desafios para amadurecer e entender que estratégias poderiam desenvolver para não serem derrubados nas próximas vezes.

Em diversas ocasiões, essas pessoas até sabem como a tempestade funciona, percebem que algo não está certo em suas vidas. Mas, como mencionei, há uma notável diferença entre saber o que irá acontecer e definitivamente se posicionar diante de algo iminente. Isso fica claro quando vemos como os países que enfrentam fenômenos climáticos recorrentes, como o Japão, lidam com suas dificuldades. Ao serem surpreendidos por algum desastre natural, nenhum deles fica apático, sem ação ou passivo depois da devastação local.

Com isso, o que eu me pego pensando de vez em quando é que muitas pessoas acabam amadurecendo, vencendo e se superando porque não têm outra opção, assim como esses países. Elas não podem se dar ao luxo de ficar choramingando para sempre enquanto a vida passa. Então, aquelas que permanecem se queixando sem parar olham para os que se superam e amadurecem, e pensam que isso lhes aconteceu por serem privilegiados de alguma forma. Essa é a diferença entre alguém que abraça a mudança e o crescimento, e alguém que nunca vai chegar a lugar algum, a menos que mude.

Por outro lado, o crescimento não significa dar apenas uma "volta por cima" em algum problema. Não é sobre ser bem-sucedido em alguma batalha ou superar somente um obstáculo. Engana-se quem pensa que não precisa perseverar e ser focado para crescer. Há aqueles que acham que amadurecer acontece por acaso, e é claro que algumas vezes acabamos aprendendo e crescendo como resultado de um evento isolado e inesperado. Mas, na maior parte do tempo, o amadurecimento ocorre quando abraçamos esse processo, por mais doloroso que ele seja. Sim, crescer dói, mas precisa ser parte do nosso estilo de vida. É como C. S. Lewis escreveu em uma frase que eu amo:

> Mera mudança não é crescimento. Crescimento é a síntese de mudança e continuidade, e onde não há continuidade não há crescimento.[3]

---

[3] LEWIS, C. S. **Hamlet: the prince or the poem**. 1. ed. Londres: Humphrey Milford, 1942.

Isso significa que o crescimento é um processo que requer intencionalidade e resiliência. Neste momento, não sei se você está no olho do furacão, ou se acabou de passar pela tempestade e está cercado pela destruição que ela deixou, analisando os danos que ocorreram. Mas, não importa a posição em que você se encontre, será necessário ajustar sua perspectiva para não se deixar paralisar pela dor.

Contudo, em situações assim, quase sempre nossa tendência é pesar para um dos extremos: ou nos tornamos melancólicos, lembrando de tudo o que tínhamos antes e todas as perspectivas que foram interrompidas por conta do que aconteceu, ou começamos a nos desesperar pensando no futuro e no que será de nós. Quem sabe, o seu caso se encaixe na primeira opção, e você esteja frustrado por conta da chance de um novo emprego, uma grande viagem ou um casamento que não aconteceu, a resposta negativa de um vestibular, enfim, novidades que aparentemente lhe traria alegria e sucesso. Só que tudo isso parece ter ido por água abaixo. Talvez, você estivesse seguindo sua vida até que veio a notícia inesperada que virou tudo de cabeça para baixo e o obrigou a se readaptar a uma nova realidade. E, quando algo assim acontece, não existe manual; o que nos leva ao outro extremo: a apreensão com relação ao que está por vir.

Então, agora que nossos planos foram interrompidos, o que podemos fazer? Como será daqui para a frente? Um novo ciclo de dúvidas e questionamentos se inicia. E, claro, isso é normal, mas se deixarmos que esse medo tome conta de nós, não seremos capazes de dar a largada na próxima fase. A respeito disso, li uma frase, certa vez, que me deixou muito pensativo:

> Quando o que está em discussão é o abraço à mudança, nós seres humanos tendemos a sempre superestimar aquilo de que precisamos abrir mão e subestimar aquilo que ganharemos como resultado da mudança.[4]

A mudança é inevitável para qualquer um. Querendo ou não, ela acontecerá. E se ela virá de qualquer forma, a coisa mais inteligente a se fazer só pode ser aproveitá-la em vez de ficar apenas sofrendo, chorando e reclamando. Porém, mesmo sabendo que aceitar esse processo e ir em sua direção sejam os primeiros passos para nos tornarmos mais resistentes e crescermos, nem sempre assumimos essa responsabilidade de pular de cabeça naquilo que Deus tem para nossas vidas e quer fazer em nós. Mas, enquanto supervalorizarmos esse medo ou até mesmo a zona de conforto que temos em nossa vida, ainda que não faça mais sentido para quem somos hoje, nunca poderemos vislumbrar e viver os resultados da transformação que nos aguarda amanhã.

Às vezes, nós nos agarramos tanto ao que pensamos ser "seguro" [ainda que isso possa destruir a nossa vida aos poucos], que passamos a depender mais das

---

[4] HAYASHI, Teófilo. **Next Level.** São Paulo: Quatro Ventos, 2017.

situações do que de Deus. Então, se elas dizem que está tudo bem, está. Se elas nos mostram que algo está fora de controle, ficamos sem chão. Entretanto, a última coisa que cogitamos é que o Senhor possa estar usando essa circunstância adversa para criar algo novo para o nosso futuro. Acontece que, por mais que a mudança não seja confortável, ela nos dá a chance de viver algo fresco do Céu. E cá entre nós: às vezes, precisamos perder o chão para aprendermos a voar.

Mesmo que não entendamos ou saibamos o que encontraremos a seguir, temos a garantia de que Jesus estará conosco nessa nova fase, e é a confiança n'Ele que nos dará força e coragem para tomar as decisões certas e viver o sobrenatural de Deus. A história de Lázaro é um exemplo disso. Ao fazer a família do morto esperar alguns dias até Sua chegada, Jesus estava ensinando não apenas a submissão, mas a confiança. A Palavra relata que:

> Ao chegar, Jesus verificou que Lázaro já estava no sepulcro havia quatro dias. Betânia distava cerca de três quilômetros de Jerusalém, e muitos judeus tinham ido visitar Marta e Maria para confortá-las pela perda do irmão. Quando Marta ouviu que Jesus estava chegando, foi encontrá-lo, mas Maria ficou em casa. Disse Marta a Jesus: "Senhor, se estivesses aqui meu irmão não teria morrido. Mas sei que, mesmo agora, Deus te dará tudo o que pedires". Disse-lhe Jesus: "O seu irmão vai ressuscitar". Marta respondeu: "Eu sei que ele vai

ressuscitar na ressurreição, no último dia". Disse-lhe Jesus: "Eu sou a ressurreição e a vida. Aquele que crê em mim, ainda que morra, viverá; e quem vive e crê em mim, não morrerá eternamente. Você crê nisso?". Ela lhe respondeu: "Sim, Senhor, eu tenho crido que tu és o Cristo, o Filho de Deus que devia vir ao mundo". E depois de dizer isso, foi para casa e, chamando à parte Maria, disse-lhe: "O Mestre está aqui e está chamando você". Ao ouvir isso, Maria levantou-se depressa e foi ao encontro dele. Jesus ainda não tinha entrado no povoado, mas estava no lugar onde Marta o encontrara. Quando notaram que ela se levantou depressa e saiu, os judeus, que a estavam confortando em casa, seguiram-na, supondo que ela ia ao sepulcro, para ali chorar. Chegando ao lugar onde Jesus estava e vendo-o, Maria prostrou-se aos seus pés e disse: "Senhor, se estivesses aqui meu irmão não teria morrido". Ao ver chorando Maria e os judeus que a acompanhavam, Jesus agitou-se no espírito e perturbou-se. "Onde o colocaram?", perguntou ele. "Vem e vê, Senhor", responderam eles. Jesus chorou. Então os judeus disseram: "Vejam como ele o amava!". Mas alguns deles disseram: "Ele, que abriu os olhos do cego, não poderia ter impedido que este homem morresse?". Jesus, outra vez profundamente comovido, foi até o sepulcro. Era uma gruta com uma pedra colocada à entrada. "Tirem a pedra", disse ele. Disse Marta, irmã do morto: "Senhor, ele já cheira mal, pois já faz quatro dias". Disse-lhe Jesus: "Não lhe falei que, se você cresse, veria a glória de Deus?". Então tiraram a pedra. Jesus olhou para cima e disse: "Pai, eu te agradeço porque me ouviste. Eu sabia que sempre me ouves, mas disse isso por causa do povo que está aqui, para que creia que tu me enviaste". Depois de dizer isso, Jesus bradou em alta voz: "Lázaro, venha para fora!". O morto saiu, com as mãos e os pés envolvidos em faixas de linho, e o rosto envolto num pano. Disse-lhes Jesus: "Tirem as faixas dele e deixem-no ir". Muitos dos judeus que tinham vindo visitar Maria, vendo o que Jesus fizera, creram nele. (João 11.17-45 – NVI)

A dinâmica pela qual Jesus opera é fora do comum. Nem sempre entenderemos tudo o que Ele faz ou os Seus direcionamentos, antes, durante ou depois de uma tempestade. Mas o nosso papel é confiar que Cristo está cuidando de nós e nos socorrerá no momento oportuno. A questão é que o tempo oportuno de Deus não segue a nossa lógica ou nossas vontades; Ele tem Sua própria maneira e hora de agir. Nosso problema é que, em situações extremas e desanimadoras – como a morte, por exemplo – muitas vezes, ficamos tão cegos pelo desespero que nem ao menos conseguimos perceber Jesus ao nosso lado. Agora, não é pelo fato de não O enxergarmos ou compreendermos Seus comandos que Ele não nos vê, que está indiferente ou distante.

Quando Cristo trazia uma solução milagrosa para os problemas das pessoas, e exigia que os obstáculos delas fossem removidos para isso, Ele tinha plena convicção de que a lógica humana seria ofendida. Aliás, fez questão de realizar algo diferente em cada situação, mostrando que milagre nenhum segue uma fórmula prescrita. Isso deixa evidente que, quando estamos em Deus, somos socorridos por Ele no dia mau, mas nem sempre esse socorro é como esperamos. Afinal, nem sempre os mortos ressuscitarão. Nem sempre a provisão será conforme nossa expectativa, ou os doentes serão curados. E tudo bem, porque Deus sabe o que faz.

Em contrapartida, há muita gente que acha que o Senhor tem obrigação de fazer sua vontade. E que, se Ele não cura, não ressuscita, não traz a promoção, não dá a viagem dos sonhos, não responde a oração conforme a expectativa, Ele não ama, Ele não pode ser bom nem Se importar. Essa é a razão de vermos tantas pessoas repetindo frases como se fossem verdadeiros mantras: "Ah, Deus é bom! Deus é fiel! Vai dar tudo certo!"; "Ele, com certeza, vai me curar!"; "Sem dúvidas, Ele tocará a vida daquele meu parente!". Entretanto, no fundo, são palavras vazias; e quando o milagre não vem, quando seus desejos não são atendidos, ficam revoltadas: "O Senhor não disse que era fiel? Que era bom? Então, por que meu marido morreu? Por que meu filho perdeu o emprego? Por que minha esposa me deixou?".

Ora, se sabemos que Deus é sempre bom e nos ama profundamente, não faz sentido questionar o Seu caráter só porque algo não está acontecendo como gostaríamos. Deus não muda só porque as circunstâncias estão nos dizendo alguma coisa contrária. Ele não deixa de ser bom se alguém morrer, se adoecer, se uma pessoa for sequestrada, violentada, abandonada ou qualquer outra coisa. Deus é Deus; e não é porque uma situação ruim aconteceu que Ele foi o responsável por isso. Inclusive, as Escrituras nos garantem:

> E qual dentre vós é o homem que, pedindo-lhe pão o seu filho, lhe dará uma pedra? E, pedindo-lhe peixe, lhe dará uma serpente? Se, vós, pois, sendo maus, sabeis dar boas coisas aos vossos filhos, quanto mais vosso Pai, que está nos céus, dará bens aos que lhe pedirem? (Mateus 7.9-11 – ARC)

Deus não faz coisas ruins. Ele não nos dá pedra em vez de pão. Só que, se você não O conhecer de forma pessoal, jamais será capaz de acreditar que tudo o que está escrito aqui seja verdade.

Uma pessoa que entendeu isso muito bem foi Jairo. Todos conhecemos a passagem que narra a história daquele pai desesperado, que havia perdido sua filha (cf. Marcos 5). Porém, o que eu me pego pensando é algo que a Bíblia não conta diretamente, mas que é possível deduzir. Como fariseu, um sujeito com muito dinheiro e influência, Jairo devia ter tentado todas as alternativas possíveis para salvar sua pequena menina da morte. Entretanto, nenhuma delas funcionou, do contrário, ele provavelmente jamais teria ido atrás de Jesus, um homem que todo o Sinédrio, todos os fariseus e religiosos combatiam. Somente alguém desesperado como aquele pai poderia ter ido contra aquilo que todos ao seu redor acreditavam e pedido misericórdia Àquele que era o mais desprezado e perseguido em seu círculo. Porém, a despeito de todas as críticas que pudessem ter feito a Cristo, da sua reputação e do que talvez todos pensassem da situação catastrófica de sua filha, Jairo escolheu confiar, aproximar-se e permanecer ao lado do Mestre, ainda que suas esperanças estivessem quase esgotadas.

Ali, em meio ao caos, ele experimentou conhecer Jesus de verdade. Aquele pai poderia estar despedaçado e desesperado, mas Cristo não. E fato é que Jesus é o mesmo desde sempre. Logo, notícias repentinas podem nos assustar, mas, assim como na história de Jairo, elas não O tiram do eixo. Então, apesar do luto e desilusão daquela família, a notícia de Jesus era diferente do resto. Ele não Se deixa impactar, porque o que para nós é o fim, para Ele é a oportunidade de demonstrar o Seu Reino, poder e amor. O Senhor tem os Seus meios de nos surpreender, fazendo o impossível e criando caminhos que, talvez, nós nunca considerássemos, por não ser exatamente aquilo que estávamos esperando. Sim, é verdade, nem tudo conseguimos compreender. Algumas coisas são mistérios, mas confiar no cuidado, amor e caráter de Deus, apesar dos pesares, revela um coração sincero, rendido e quebrantado; e Deus nunca despreza um coração quebrantado. Mesmo quando as coisas não acontecem da forma como esperávamos, Ele permanece bom, constante e imutável.

Voltando à história de Lázaro, diante do túmulo, os olhos de Jesus não estavam meramente no luto. As coisas não tinham saído como Maria e Marta haviam planejado, mas o Senhor criou um caminho que elas não consideraram. Acredito que, por mais que Ele Se compadecesse de Seu amigo, e chorasse com a família dele, o Espírito Santo já O havia alertado a respeito do milagre extraordinário que seria operado pouco depois. Tudo, porém, com um propósito. E assim, de uma hora para outra, a história mudou. De repente, contrariando tudo e todos, o Mestre declarou em alta voz: "Lázaro, venha para fora!". Sem avisos, as pessoas ali foram surpreendidas pela visão daquele homem caminhando em direção à entrada do sepulcro, onde antes havia uma pedra e uma sentença de morte.

Às vezes, o socorro virá de maneira milagrosa. Assim como pode ser que, em alguns casos, ele não aconteça como esperamos. Uma coisa é certa: jamais ficaremos desamparados pelo Senhor. Ocorrendo ou não como gostaríamos, Ele sempre estará conosco passando pelas tempestades. Mas, seja como for, a nossa função é confiar em Deus e manter nosso coração sempre cheio de esperança. E para tal, o livro de Lamentações diz:

> Quero trazer à memória o que me pode dar esperança.
> (Lamentações 3.21 – ARA)

Além de nos agarrarmos ao caráter de Deus, que é imutável, algo que pode nos ajudar antes, durante e depois de uma tempestade é relembrarmos dos milagres que Ele já fez, das provisões que trouxe e dos cenários que foram transformados em nossas vidas. Alimentar a esperança em vez da murmuração constrói um coração grato e satisfeito em Deus.

Portanto, pare de focar no que não deu certo ou não aconteceu como você gostaria. Escolha olhar com esperança para o futuro e perceber as coisas novas que Deus tem feito ao seu redor. O Senhor sempre está criando algo, e constantemente nos convida a fazer parte disso. No entanto, não há como nos prepararmos para a próxima tempestade se ainda estamos lamentando as que aconteceram anos atrás:

> Não vos lembreis das coisas passadas, nem considereis as antigas. **Eis que faço uma coisa nova; agora está saindo à luz; porventura não a percebeis?** Eis que porei um caminho no deserto, e rios no ermo. (Isaías 43.18-19 – grifo do autor)

Talvez uma de nossas maiores dificuldades seja acreditar que recomeços e novas histórias sejam possíveis. Muitos de nós já sofremos e perdemos tanto, mas uma das coisas mais lindas que aprendi é que, por meio de Jesus, é possível viver algo novo no lugar onde mais fomos feridos, humilhados e mais passamos escassez. Inclusive, as áreas onde tivemos maior dor, sofrimento, perdas e danos, que batalhamos e vencemos com Jesus são aquelas em que fomos habilitados a ter autoridade. A partir daí, em vez de vítimas, nós nos transformamos em referências, que não só conquistam novos territórios, mas que são equipadas para auxiliar outras pessoas que enfrentam as mesmas dificuldades. Se sofremos destruição em nossa família e vencemos, recebemos autoridade sobre isso, e podemos ajudar outros que têm passado por batalhas assim. Se tínhamos problemas com álcool e drogas, e superamos, servimos como instrumento de cura e transformação para libertar outras pessoas também. Se éramos corruptos, adúlteros, ladrões ou mentirosos, e com a ajuda de Deus vencemos tudo isso, temos autoridade para quebrar cadeias e estabelecer a verdade do Céus sobre aqueles que nos cercam e lutam contra essas coisas.

Você nasceu para algo grande. Não subestime o que pode fazer e até onde pode chegar com Deus. Tudo isso não tem a ver com as suas capacidades, com os seus talentos nem com os seus estudos [apesar de isso também ser importante], mas com a sua disponibilidade e obediência radical. Não desperdice a sua vida com coisas desprezíveis e fúteis. Existe um plano lindo, enorme e maravilhoso para você. Algo muito mais sublime e alto do que as minhas poucas e pobres palavras poderiam descrever. O seu futuro com Cristo é brilhante. O passado já não importa mais. O que passou, passou. Ele está fazendo uma coisa nova, que está vindo à luz. A pergunta é: "será que você consegue perceber?".

Este livro foi produzido em Adobe Garamond Pro 12 e impresso pela Gráfica Promove sobre papel Pólen Natural 70g para a Editora Quatro Ventos em setembro de 2023.